刘超 顾燃 房少洁 刘瑜 著

数字不平等的统计测度与优化路径研究

知识产权出版社
全国百佳图书出版单位
—北京—

图书在版编目（CIP）数据

数字不平等的统计测度与优化路径研究/刘超等著. —北京：知识产权出版社，2023.8
ISBN 978-7-5130-8832-9

Ⅰ.①数… Ⅱ.①刘… Ⅲ.①测度论—应用—信息经济学—研究 Ⅳ.①F062.5

中国国家版本馆 CIP 数据核字（2023）第 136283 号

内容提要

在数字信息技术推动经济增长、促进社会发展的同时，数字技术分布不均衡导致的数字不平等现象得到了广大学者和政府部门的广泛关注。本书对数字不平等的内涵和特征、发展现状、理论基础进行了梳理，以数字不平等的评价指标体系构建、统计测度、影响因素为研究重点，对我国的数字不平等现象进行了分析探讨，并提出数字不平等的弥合策略。本书中的数字不平等框架体系和测度结果为研究数字不平等问题奠定了理论和实证研究基础，为探索数字鸿沟的弥合策略提供了依据。

本书可供从事相关研究的学者和高等院校相关专业师生阅读参考，也可供相关部门在制定应对数字不平等问题的政策时参考。

责任编辑：张雪梅　　　　　　　　责任印制：孙婷婷
封面设计：曹　来

数字不平等的统计测度与优化路径研究
SHUZI BUPINGDENG DE TONGJI CEDU YU YOUHUA LUJING YANJIU
刘　超　顾　燃　房少洁　刘　瑜　著

出版发行：知识产权出版社有限责任公司		网　　址：http://www.ipph.cn
社　　址：北京市海淀区气象路 50 号院		邮　　编：100081
责编电话：010-82000860 转 8171		责编邮箱：laichushu@cnipr.com
发行电话：010-82000860 转 8101		发行传真：010-82000893
印　　刷：北京中献拓方科技发展有限公司		经　　销：各大网上书店、新华书店及相关专业书店
开　　本：720mm×1000mm　1/16		印　　张：11
版　　次：2023 年 8 月第 1 版		印　　次：2023 年 8 月第 1 次印刷
字　　数：190 千字		定　　价：69.00 元
ISBN 978-7-5130-8832-9		

出版权专有　侵权必究
如有印装质量问题，本社负责调换。

前　言

　　数字信息化的快速发展与信息技术的推广使用令世界迎来了以信息技术为驱动的技术革命时期，各国的经济发展正不断向数字化迈进，进入了数字化全面转型、快速发展的重要时期。党的二十大报告指出，要加快建设数字中国，加快发展数字经济，促进数字经济和实体经济深度融合，打造具有国际竞争力的数字产业集群。习近平总书记强调，数字经济是全球未来的发展方向，要加强对数字经济的规范引导，促进数字经济的健康均衡发展。数字技术具有开放性和互通性，但是由于区域经济发展水平不平衡、区域自然地理环境差异和地区历史条件不同等多方面影响，不同主体在获得和利用数字信息资源方面存在差异，社会经济发展不平衡的现象越来越普遍，数字不平等问题也随之产生。对数字不平等问题进行研究，可以助力实现数字经济的均衡、全面发展。数字不平等现象的出现对社会的发展会产生消极的负面影响，解决数字不平等问题成为全世界的重要任务，这就需要构建数字不平等的测度方法体系，进而探究数字不平等的弥合策略。

　　2019年12月新型冠状病毒肺炎疫情的暴发虽然对传统产业的发展产生了强烈的冲击，但是却为数字经济的发展创造了良好的契机，许多以数字化为特征的行业产生了结构性利好的变化。随着数字信息技术不断普及，数字经济与传统行业深度融合，数字技术的使用越来越普遍，无论是衣食住行还是制定和实施相关战略，都离不开数字技术，数字技术几乎融入人们生活的方方面面。目前，我国数字经济发展与发达国家还有很大的差距，而且仅从我国内部来看，农村地区的数字经济发展明显落后于城市，中西部地区明显落后于东部发达地区，城乡、区域之间呈现出不均衡的特征，这对数字资源的获取和使用产生了一定的抑制作用，加剧了数字不平等，不利于社会的和谐稳定发展和共同富裕目标的实现。基于此，本书对数字不平等问题展开了一系列的探索性系统研究，以期为探究数字不平等的弥合策略提供依据和参考。

本书从数字不平等的内涵与特征出发，构建了数字不平等评价指标体系，测度了我国数字不平等水平，分析了数字不平等的影响因素，并探讨了数字不平等的弥合策略。首先，梳理了数字不平等的内涵、特征和演进过程，阐明了数字不平等对不同区域、不同企业及个人的发展产生消极的负面影响，并从国际、国内两方面阐述数字不平等的发展现状和应对数字不平等采取的行动。在此基础上，深入探究了数字不平等的理论基础，从信息不对称、人力资本、知识溢出及机会平等理论四个方面对数字不平等的理论基础进行了探究，并分析了数字不平等的形成机理。其次，紧紧围绕数字不平等的内涵、发展现状和理论基础，构建了数字不平等的评价指标体系，重点从数字接入沟、数字群体基础、数字使用沟、数字环境基础四个维度考察数字不平等的情况。再次，基于经典主成分分析方法，构建了数字化水平线性转换模型，测度我国样本家庭间的数字不平等水平，并采用系统聚类分析方法进一步分析我国城镇和乡村家庭数字不平等的差异。此外，还重点分析探究了数字不平等的主要影响因素。最后，从基础设施建设、产业升级、教育信息化和数字政府建设四个方面探讨了数字不平等的弥合策略。

除笔者外，参与本书内容研究和书稿编写工作的还有赵紫凤、张志伟、聂心容、邱文松、安语晨、王小琬等，他们在背景资料和政策文献收集整理、章节内容梳理、实证数据收集及文字和格式的修改等方面做出了努力，为本书做出了一些富有成效的工作，这也是本书相关研究成果丰硕、获得多方一致好评的重要支持。

感谢河北大学资源利用与环境保护研究中心的资助。本书为河北大学哲学社会科学培育项目"环首都地区湿地生态系统服务功能价值评估与保护机制研究"的成果。

目　　录

第1章　绪论 ·· 1
 1.1　国内外研究现状 ·· 2
  1.1.1　数字经济不均衡发展的表现 ·································· 2
  1.1.2　数字鸿沟的相关研究 ·· 5
  1.1.3　数字不平等内涵的相关研究 ·································· 7
  1.1.4　数字不平等主要原因的相关研究 ···························· 10
 1.2　研究价值 ··· 11
 1.3　研究内容 ··· 13
 1.4　创新之处 ··· 14

第2章　数字不平等的演进过程、本质表现与特征 ···················· 15
 2.1　数字不平等的演进过程与本质表现 ······························· 15
  2.1.1　数字不平等的演进过程 ······································· 15
  2.1.2　数字不平等的本质表现 ······································· 19
 2.2　数字不平等的特征与影响 ·· 20
  2.2.1　数字不平等的特征 ·· 20
  2.2.2　数字不平等的影响 ·· 21

第3章　数字不平等的现状及应对行动 ···································· 25
 3.1　国际数字不平等现状 ·· 25
  3.1.1　总体情况 ··· 25
  3.1.2　全球移动技术和网络速度的发展 ···························· 27
 3.2　我国数字不平等现状 ·· 30
  3.2.1　总体情况 ··· 30

  3.2.2 我国移动技术和网络速度的发展 ·· 32
 3.3 国际应对数字不平等的行动 ··· 37
  3.3.1 数字服务基础设施建设 ·· 37
  3.3.2 公民数字素养的培养 ··· 38
  3.3.3 社区技术中心 ·· 40
 3.4 我国应对数字不平等的行动与成效 ·· 40
  3.4.1 我国应对数字不平等的行动 ·· 40
  3.4.2 我国应对数字不平等的成效与不足 ·· 43

第4章 数字不平等的理论基础与形成机理 ·· 45
 4.1 信息不对称理论 ·· 45
  4.1.1 公共信息与私人信息 ··· 46
  4.1.2 逆向选择与道德风险 ··· 47
  4.1.3 信息传递与信息鉴别 ··· 48
 4.2 人力资本理论 ··· 49
  4.2.1 舒尔茨的人力资本理论 ·· 50
  4.2.2 贝克尔的人力资本理论 ·· 51
  4.2.3 赫克曼的人力资本理论 ·· 52
 4.3 知识溢出理论 ··· 54
  4.3.1 知识溢出的内涵 ··· 54
  4.3.2 知识溢出的渠道与影响因素 ·· 55
 4.4 机会平等理论 ··· 57
 4.5 数字不平等的形成机理 ·· 59
  4.5.1 信息不对称下的数字不平等 ·· 59
  4.5.2 人力资本下的数字不平等 ··· 60
  4.5.3 知识溢出下的数字不平等 ··· 61
  4.5.4 机会平等理论下的数字不平等 ·· 61

第5章 数字不平等的评价指标体系 ··· 63
 5.1 数字技术接入层面——接入沟 ··· 64
  5.1.1 接入沟方面数字技术发展现状 ·· 65
  5.1.2 接入沟引致的数字不平等 ··· 68

5.2 数字群体基础 ·· 69
　　5.2.1 数字群体基础及发展现状 ·· 69
　　5.2.2 网络认知差异引致的数字不平等 ·· 71
　　5.2.3 文化程度差异引致的数字不平等 ·· 73
　　5.2.4 城乡群体差异引致的数字不平等 ·· 73
5.3 数字技术利用层面——使用沟 ·· 75
　　5.3.1 使用沟中的学习差异 ··· 75
　　5.3.2 使用沟中的工作差异 ··· 76
　　5.3.3 使用沟中的社交差异 ··· 76
　　5.3.4 使用沟中的娱乐差异 ··· 77
　　5.3.5 使用沟中的商业差异 ··· 77
5.4 数字环境基础 ·· 79
　　5.4.1 家庭数字环境 ·· 79
　　5.4.2 社会数字环境 ·· 80
5.5 数字不平等指标体系构建 ·· 81

第6章 数字不平等的统计测度 ··· 84

6.1 数据说明与描述性统计 ··· 84
　　6.1.1 数据说明 ·· 84
　　6.1.2 描述性统计 ··· 86
6.2 统计方法选择和模型构建 ·· 88
　　6.2.1 统计方法选择 ·· 88
　　6.2.2 模型构建 ·· 89
6.3 数字不平等的测度结果 ··· 91
　　6.3.1 测度过程 ·· 91
　　6.3.2 数字化水平测度 ··· 95
　　6.3.3 数字不平等测度结果 ··· 96
6.4 数字不平等的异质性分析 ·· 96
　　6.4.1 家庭数字不平等 ··· 97
　　6.4.2 城镇家庭数字不平等 ··· 101
　　6.4.3 乡村家庭数字不平等 ··· 105

第 7 章 数字不平等的聚类分析 ································· 110
7.1 模型构建 ··· 110
7.2 家庭数字不平等的聚类分析 ····························· 113
7.3 城镇家庭数字不平等的聚类分析 ························ 116
7.4 乡村家庭数字不平等的聚类分析 ························ 119

第 8 章 数字不平等的影响因素分析 ························· 122
8.1 变量说明与模型构建 ····································· 122
8.1.1 变量说明 ··· 122
8.1.2 模型构建 ··· 124
8.2 实证分析 ··· 127
8.2.1 描述性统计 ·· 127
8.2.2 基准回归与结果分析 ····························· 128
8.2.3 分位数回归与结果分析 ·························· 132
8.2.4 稳健性检验 ·· 134
8.3 数字不平等的主要影响因素 ····························· 137
8.3.1 家庭文化资本与家庭数字不平等 ··············· 137
8.3.2 家庭婚姻质量与家庭数字不平等 ··············· 138
8.3.3 家庭代际关系与家庭数字不平等 ··············· 138

第 9 章 数字不平等的弥合策略 ······························ 140
9.1 基础设施建设 ··· 140
9.1.1 推进基础设施一体化建设，缩小区域数字不平等 ··· 140
9.1.2 继续实施"宽带中国"战略，减小互联网发展差距 ··· 142
9.1.3 推进新型数字基础设施建设，兼顾"数字弱势"群体权益 ··· 142
9.2 产业升级 ·· 144
9.2.1 大力发展战略性新兴产业，促进数字经济共同提升 ·· 144
9.2.2 构建产业互联网平台，赋能产业数字化升级 ···· 147
9.2.3 立足区域产业发展现状，制定符合实际的数字化升级规划 ··· 149

9.3 教育信息化 ·· 149
    9.3.1 持续推进教育信息化，促进均衡发展 ·· 150
    9.3.2 提升教师信息素养，弥合数字鸿沟 ·· 152
    9.3.3 增加信息技术教育投入，引导积极的网络观念 ···································· 154
9.4 数字政府建设 ·· 155
    9.4.1 制定数字政府整体规划，缩小区域间发展差距 ···································· 155
    9.4.2 推动政务数据资源融合，搭建平台驱动的数字政府 ····························· 156
    9.4.3 重视公务员数字素养，促进公共空间的公平 ······································· 157

参考文献 ·· 159

第1章 绪 论

随着科学技术的不断发展，信息技术的推广使用，新的技术和商业模式不断出现，数字技术和传统行业不断融合，各国的经济发展正不断向数字化迈进，全球正在向数字化转型。数字经济快速发展，推动经济社会发生了巨大的变革和发展，使全球进入了以互联网技术为动力的技术革命时期。党的二十大报告指出，要加快发展数字经济，促进数字经济和实体经济深度融合。习近平总书记强调，要加强对数字经济的规范引导，促进数字经济的健康均衡发展。但是在社会发展过程中，由于经济差异、地区差异、群体差异等因素的存在，数字经济发展不均衡，产生了新的不平等——数字不平等。我国的社会主要矛盾已经转变成人民日益增长的美好生活需要和不平衡不充分的发展之间的矛盾，这就意味着关于不平衡与不充分的研究需要更加完善。对数字不平等进行研究，可以助力实现数字经济的均衡发展。

世界银行在2016年发布了《2016年世界发展报告：数字红利》，该报告表明，信息通信技术和数字技术的使用给人们的生产和生活带来了巨大的改变，推动经济社会的快速发展、不断进步，这种正面效应就是数字红利。数字技术的广泛应用不仅可以使成本降低、促进就业、推动创新，给人们的生产生活带来便利和福祉，对于经济增长也产生了非常重要的影响。2019年12月新型冠状病毒肺炎疫情的暴发给数字经济的发展提供了机遇，在疫情防控期间，数字技术的不断升级和基础设施的不断完善对各国应对疫情产生了积极的作用，数字化进程不断加速，但是数字不平等现象也更加明显。习近平总书记指出，要加强数字经济基础设施建设，增强数字经济的可及性，进而消除数字不平等。2019年，联合国贸易与发展会议发布的《2019年数字经济报告》倡导全世界应该共同努力，消除数字不平等，使更多的人共同分享数字经济发展的成果。

数字不平等的存在不仅会加大不同地区、国家、群体之间的不平等，对社会的健康发展产生一定的阻碍，而且对城乡区域的发展有着重要的影响，对国家信息化战略目标的实现也会产生巨大影响。因此，数字不平等成为必须要认真对待的重要问题。

1.1 国内外研究现状

1.1.1 数字经济不均衡发展的表现

人类社会进入信息时代以后，数字技术的广泛应用和迅速发展使得数字经济得以产生。与农业经济和工业经济不同，数字经济是一种新的经济和业态，具有新的功能，使社会和经济产生了巨大、深刻的变化。

当前，世界处于数字化全面转型、快速发展的重要时期，全球发展的战略重点仍然是数字技术的创新，为创新驱动生产力发展的实现注入关键性、先导性的力量。2019 年 12 月—2022 年的新型冠状病毒肺炎疫情虽然对传统产业的发展产生了强烈的冲击，但是却为数字经济的发展创造了良好的契机，许多以数字化为特征的领域，如远程办公、线上教育、智慧医疗和生鲜电子商务等都产生了结构性利好的变化。

2022 年年初，国务院发布了《"十四五"数字经济发展规划》，该规划提到要加快数字化发展，不断形成数字经济优势，加快推进数字产业化和产业数字化转型，并提出数字经济产业的发展目标为由 2020 年在国内生产总值（gross domestic product，GDP）中所占的比例 7.8% 上升到 2025 年的 10%。数字经济在国民经济中所占比例会超过 30%，是需要重点关注的产业。

数字经济是一个内涵比较广泛的概念，无论直接还是间接，只要是通过数据对资源进行引导来发挥作用，并且使生产力得到发展的经济形态，都在其范围之内。数字经济把数据资源当作关键要素，把现代信息网络作为主要载体，把信息通信技术和全要素数字化转型作为重要的推动力，使得公平和效率更加统一。数字经济其实是一个阶段性的概念，处于互联网经济和未来智能经济中间的一个阶段，数据会不断地渗透到社会发展的各个环节和各个产业。要准确理解数字经济的内涵，需要从数字经济的生产要素、重要载体、核心推动力和目标使命几个方面来把握。数字经济的生产要素是数字化的知识和信息，重要载体是现代通信技术，核心推动力是信息通信技术，目标使命是不断提高效率、优化经济结构。

数字经济具有极快的发展速度、广阔的辐射范围、深刻的影响程度，对人们的生产生活方式产生了巨大的影响，是对全球的资源要素进行重组、对全球的经济结构进行重塑、对全球竞争格局进行改变的关键力量。2022年7月在北京召开的"2022全球数字经济大会"发布了《全球数字经济白皮书（2022年）》，其中指出，全球47个国家2021年的数字经济增加值规模达到38.1万亿美元，同比增长15.6%，在GDP中占比达到45%；发达国家的数字经济发展规模大，所占比重高，在GDP中所占比例为55.7%；发展中国家数字经济发展增长较快，增长速度为22.3%。我国的数字经济规模达到7.1万亿美元，在GDP中的占比达到39.8%，在世界排名中位居第二。我国的数字经济发展取得的成就很大，但是在区域、技术、产业和城乡等方面存在着不均衡，对经济向更高阶段发展产生了抑制作用。

第一，数字经济在区域之间发展不均衡。我国地域辽阔，各个省份之间数字经济发展水平存在很大的差距。我国的数字经济发展水平自东向西逐渐降低。西部地区在数字基础设施、数字技术的应用和创新方面存在一定的障碍，相对而言比较落后，有很大的发展空间；中部地区资源比较丰富，数字基础设施及数字技术的应用和创新与西部地区相比，水平有一定的提高；东部地区地理位置优越，资源非常丰富，拥有较发达的数字基础设施和较高的数字技术应用及创新水平，数字经济快速扩张，数字经济发展处于领先地位。中、西部地区的数字经济发展水平与东部地区相比还存在一定差距。

第二，数字经济在技术发展方面存在不均衡。我国的数字经济在电子商务、金融科技等应用领域有了一定的技术基础，移动支付等领域在全球处于领先的地位，但是从整体来看，在系统软件、高端芯片、核心元器件等方面，与发达国家相比，我国依然处于劣势地位，存在很大的差距。2021年，我国的进口集成电路金额达到了4400亿美元，占全球进口芯片的79%。在技术创新发展方面，我国还存在一定的问题，如核心算法缺失严重等。

第三，数字经济在产业之间发展不均衡。数字化技术和服务等的投入水平在第一产业、第二产业和第三产业之间存在差异。根据《中国数字经济发展报告（2022年）》，从数字化投入的规模看，第一产业和第三产业的投入规模小于第二产业。其中，对信息与通信技术（information and communications technology, ICT）产业数字化的投入规模最大。我国31个省（自治区、直辖市）的数字化投入总量为10.4万亿元,第一产业、第二产业和第三产业的投入规模分别为183.7亿元、7.6万亿元、2.8万亿元,其中ICT的投入规模为7.5万亿元,占投入总量的72.1%。从增长幅度看,第三产业的数字化投入增长速度高于第一产业和第二产业,其中ICT产业的数字化投入增长速度是最快的。与2007年相比,全国数字化投入总规模增加1.85倍,第一产业数字化投入增长了0.77倍,第二产业投入规模增长了1.63倍,第三产业投入规模增长了2.68倍。虽然第一产业和第二产业数字化程度有所提升,但是提升幅度依然不如第三产业。

第四,数字经济在城乡之间发展不均衡。由相关的统计数据可知我国城乡之间的数字不平等现象比较明显。根据中国互联网络信息中心发布的第50次《中国互联网络发展状况统计报告》,截至2022年6月,我国城镇网民达到7.58亿人,与2021年12月相比增长了1039万,在总体网民中所占比例为72.1%;农村网民达到2.93亿人,在总体网民中所占比例为27.9%。我国城镇互联网普及率为82.9%,而农村地区的互联网普及率为58.8%,见表1.1。虽然我国农村地区的网络基础设施建设得到了一定程度的改善,互联网普及率显著提高,但是与城镇相比还存在一定的差距。

表1.1 我国城乡网民规模及互联网普及率

年份	2022	2021	2020
城镇网民数量/亿人	7.58	7.48	6.80
农村网民数量/亿人	2.93	2.84	3.09
城镇互联网普及率/%	82.9	81.3	79.8
农村互联网普及率/%	58.8	57.6	55.9

当今世界正经历百年未有之大变局,新一轮的科技革命和产业革命快速发展,以信息技术为代表的高新技术突飞猛进,以信息化和信息产业发展水平为主要特征的综合国力竞争越来越激烈。习近平总书记在亚太经济合作组织第二十七次领导人非正式会议发表的重要讲话中指出,数字经济是全球未来的发展方向。数字经济不仅可以优化资源配置,调整经济结构,对竞争格局的形成也会产生影响。数字经济要想实现长久健康的发展,必须补齐短板,实现均衡发展。数字经济发展不均衡,数字资源配置不公平、不合理、没有效率,就会导致数字不平等现象的产生,造成国家之间、地区之间、企业之间更大的不平等或不合理。

1.1.2 数字鸿沟的相关研究

关于数字不平等的研究是从数字鸿沟开始的。数字鸿沟又称为信息鸿沟,英文为 digital divide 或 digital gap,指的是信息贫困者和信息富有者之间存在的鸿沟,表示在拥有和利用现代信息技术方面不同社会群体之间存在的差异。

对数字鸿沟的研究可以追溯到 1990 年阿尔温·托夫勒出版的《权力的转移》一书,该书提到了电子鸿沟、信息沟壑等一些相关的概念,但是对于数字鸿沟的定义并没有作出明确的界定。随着时间的推移和社会的发展,1995 年,美国第一次提出了"数字鸿沟"这一概念,在接下来的几年里发布了标题为《在网络中落伍》的 4 份和数字鸿沟相关的报告,并在报告《在网络中落伍:定义数字鸿沟》中提出了数字鸿沟的定义,开始对数字鸿沟进行全面的研究。后来这一概念不断引起人们的关注,进而发展至欧洲乃至全球。

2000 年 7 月在日本召开了八国首脑会议,第一次在国际组织的正式会议中讨论了有关于数字鸿沟的问题。会议通过了《全球信息社会冲绳宪章》,在该宪章中表述了在信息技术发展方面,发达国家与发展中国家存在着相当大的数字鸿沟。该会议还就怎样消除数字鸿沟等一系列问题进行了研究和讨论。同年 11 月,我国在北京召开了"跨越数字鸿沟"的高层研讨会,深入讨论了数字鸿沟的本质及应对数字鸿沟的政策措施问题。之后,关于数字鸿沟问题的研究在世界范围内掀起了热潮。

随着数字鸿沟的关注度不断提高,不同学者开始不断深入地研究数字鸿沟问题,西方发达国家及许多国际组织与机构对数字鸿沟的内涵与定义进行了研究和讨论,比较典型的几种定义见表 1.2。

除了国际组织和机构,许多学者也对数字鸿沟的内涵进行了研究,不同学者对数字鸿沟的内涵有着不同的理解,比较典型的几种定义见表 1.3。

表 1.2 不同组织机构关于数字鸿沟的定义

组织机构	定义
美国商务部电信和信息管理局	数字鸿沟指那些拥有良好信息工具与技术的人与那些未拥有者之间存在的差距,也就是信息技术资源在不同人之间的使用和分配不均衡
联合国经济及社会理事会	数字鸿沟指由于信息和通信技术的全球发展和应用,造成或者加大了国家与国家之间及国家内部群体之间的差距

续表

组织机构	定义
经济合作与发展组织（OECD）	从经济、技术及社会三个方面指出，数字鸿沟是家庭、个人、企业、不同经济发展水平的地区，在接触和享用信息技术的机会及利用互联网从事各项活动的水平方面存在的差距
联合国信息社会世界高峰会议	数字鸿沟指世界上享有信息技术的群体和被信息技术排斥在外的群体之间的差距，以及这些群体内部彼此之间不转让信息的情况
国际电信联盟（ITU）	数字鸿沟是指贫穷国家与富裕国家之间、城乡之间由于贫穷、缺乏现代技术导致的在获取信息方面的不平等

表1.3 不同学者对数字鸿沟的定义

学者	提出年份	定义
赖茂生	2000	数字鸿沟不仅指数字信息技术在发展和应用方面存在的差异，也包括获取及利用信息和知识的能力之间存在的差异
皮帕·诺里斯	2001	数字鸿沟包括三个方面：发达国家与发展中国家接入网络存在的差异，信息充足者和信息贫困者之间存在的差异，利用数字信息资源参与公共生活的人之间存在的差异
祝建华	2001	数字鸿沟指社会上各个阶层的人使用互联网时存在的差异
胡延平	2002	数字鸿沟是指由于占有和利用信息网络资源与技术的程度不同导致的不同国家、不同地区及不同人群之间产生的信息落差、贫富分化等问题
阿奎特	2002	数字鸿沟是指信息传播技术基础设施建设、信息传播技术的拥有和信息传播技术的使用这三个方面存在的差距
胡鞍钢等	2002	数字鸿沟是指不同地区、不同发展水平的国家及同一国家不同地区、不同人群之间在普及和应用新兴的信息通信技术方面存在的不平衡现象
谢俊贵	2003	数字鸿沟是指在接触、收集及利用信息方面不同的社会群体之间存在的差距，这种差距通常可以理解为信息差距，是一种存在状态的信息分化，而且不同信息主体之间信息差距的生成与扩大也是一个不断变化的过程

随着信息时代的进步，数字鸿沟在产生和发展的过程中表现出普遍性、多样性、复杂性、严重性的特征。

首先是普遍性。数字鸿沟是开发和使用数字信息技术时存在的差异，这些差异可以在不同国家之间、同一国家的不同地区之间得到体现，可以在数字信息技术的开发和应用领域得到体现，也可以在不同的群体之间得到体现。总之，只要数字信息技术的发展和利用在各个国家、各个地区、各个产业、各个群体之间存在不平衡、不协调，数字鸿沟现象就会普遍存在。

其次是多样性。由于分类标准不同，数字鸿沟的表现形式呈现出多样性的特点。阿奎特（Arquette）认为：第一道数字鸿沟是电子计算机和互联网接入存在的差异，以人们能否使用信息中介为标准，可以分为信息拥有者和信息欠缺者；第二道数字鸿沟是在使用电子计算机和互联网技术时存在的差异，以人们掌握和处理信息的能力为标准，分为信息工具的良好使用者和不良使用者。❶ 皮帕·诺里斯（Pippa Norris）认为数字鸿沟包括全球鸿沟、社会鸿沟和民主鸿沟三个方面，也就是发达国家与发展中国家接入网络存在的差异、信息充足者和信息贫困者之间存在的差异、是否利用数字信息资源参与公共生活的人之间存在的差异。❷

再次是复杂性。产生数字鸿沟的原因是多种多样的、复杂的，既与物质设施有关，也和意识、兴趣等有关。范·迪克（Van Dijk）认为，精神接入（缺少对电子计算机、互联网技术等的兴趣）、物质接入（缺少电子计算机和互联网接入）、技能接入（缺乏数字技能）和使用接入（缺乏试用机会）都会导致数字鸿沟的产生。❸

最后是严重性。数字鸿沟的存在成为不同国家之间或者同一国家的不同地区之间社会健康发展的阻碍力量，会产生严重的影响。进入信息化社会以后，拥有发达的网络和充足的信息者会在激烈的竞争中处于强势地位，而那些在掌握和使用数字信息方面存在问题的国家和地区则会处于不利地位，这反映了在信息领域存在贫富分化，对信息化发展产生一定的不利影响。

1.1.3 数字不平等内涵的相关研究

20世纪90年代，西方一些国家对数字鸿沟产生了极大的兴趣，并对数字技术的应用产生的数字鸿沟现象进行了研究。在研究初期，学者们只对人口特征的差异产生的影响进行了研究，而且集中在诸如网络使用率、信息技术接入等问题的研究。随着互联网的普及和发展、时间的推移和研究的深入，一些西方学者开始

---

❶ ARQUETTE T J. Social discourse, scientific method, and the digital divide: using the Information Intelligence Quotient (IIQ) to generate a multi-layered empirical analysis of digital division [D]. Evanston: Northwestern University, 2002.

❷ NORRIS P. Digital divide: civic engagement, information poverty & the internet worldwide [M]. New York: Cambridge University Press, 2001.

❸ DIJK V J. A framework for digital divide research [J]. Electronic Journal of Communication, 2002 (12): 1-2.

把数字鸿沟现象提升到数字不平等的社会问题高度，并从经济学、政治学、图书馆学、社会学、情报学、心理学等学科角度进行讨论，数字不平等现象开始进入人们的视野。对数字不平等的研究是一个从一开始关注数字鸿沟到后来关注数字不平等、进而实现获取信息平等的过程，是一个从关注现象本身到不断深入本质、不断发展的过程。

数字不平等是对数字鸿沟概念的扬弃，随着互联网的普及，数字不平等成为经济社会中一种新型的社会不平等问题。在大数据时代，一个人能否掌握切实可靠的数据对其影响是巨大的。那些拥有并积累了巨大数字资源的互联网厂商实际上拥有了一种数据权利。信息技术发展突飞猛进、不断普及，国内外学者开始高度关注数字不平等现象。

关于数字不平等的内涵，许多学者进行了探讨。数字经济时代最关键的问题之一就是数字不平等，虽然很多公共部门和私营部门已经投入了大量的资源、采取了一系列措施来解决这个问题，但是取得的成果和效益却微乎其微。对数字不平等的理解及如何为政府制定相应的政策提供参考成为迫在眉睫、必须解决的难题。进入数字时代以后，"数字鸿沟"这一概念需要进行完善，需要找到内涵更深刻、外延更广泛的概念。"数字不平等"可以对各方面存在的差异进行概括，进而可以在更加广阔的领域内对数字信息技术接入不平等所产生的社会问题进行研究。迪马乔（DiMaggio）认为对数字不平等的研究应该逐渐转移到对已经接入或者已经使用互联网的人们之间的差异的研究，而不是仅仅研究考察是否已经接入互联网这一现象。❶

从表面上看，可以被人们获取和利用的任何数据对数据的接收者来说都会产生有价值的效用，然而于良芝教授在其研究中指出，可获取的信息并不是指所有可以触及的信息，会受到个人信息世界理论中其他要素的限制。❷

关于数字不平等的内涵的界定，需要把握以下几个要点：第一是数字。对数字不平等的考察需要重点关注数字化发展带来的差异，传统技术条件下产生的信息差异应该排除在外。最初互联网是最主要的用来衡量信息技术的指标，随着技术的发展和社会的进步，很多学者把计算机技术等现代信息技术也纳入其中。第

---

❶ DIMAGGIO P, HARGITTAI E. From the "digital divide" to "digital inequality": studying internet use as penetration increases [J]. Working Papers Series, 2001, 4 (1): 2-4.

❷ 于良芝. 理解信息资源的贫富分化：国外"信息分化"与"数字鸿沟"研究综述 [J]. 图书馆杂志, 2005 (12): 6-18, 37.

二是对象。对数字不平等的研究必须有可以用来进行比较的对象，如在不同的社会群体、地区、企业甚至国家之间进行比较。第三是内容。在研究数字不平等的初期，考察的内容只有互联网扩散度，随着研究的不断深入，考察的内容不断深化，一些学者开始对整个信息基础设施的普及问题进行研究，现在越来越多的学者也逐渐把应用成效考虑进去。数字不平等问题是全球性的问题，不仅在发展中国家存在，在发达国家也存在。美国虽然是网络的诞生地，由于数字不平等现象的存在，在家庭拥有网络的增长率上却处于落后的地位。这不仅会对美国未来的经济发展产生威胁，也会影响美国的政府效率和社会结构，从而对美国在全球市场上的竞争力产生巨大的影响。

在研究内容方面，大多数学者主要对数字不平等的表现维度、影响因素和本土化进行了研究。闫慧将我国的数字不平等划分为数字精英、数字富裕、数字中产、数字贫困和数字赤贫五个阶层，并从数字不平等的表现维度和影响因素两个方面进行了讨论。❶❷ 在表现维度方面，数字不平等的表现维度主要可以分成三种，分别是常规维度、资本维度和整合形式的指标体系、指数或系数。常规维度是指在心理、信息通信技术设施的接入和所有权、技术使用状况与技能方面存在的不平等；资本维度是指在文化资本、社会资本、经济资本、政治资本和组织资本方面存在的不平等；指数或系数主要是指基尼系数与互联网连通性指数的不平等。在影响因素方面，人口统计指标和资本是影响数字不平等的主要因素。产生并影响数字不平等的因素有很多，如年龄、职业、种族、语言、地理位置、性别等，对人们使用信息技术影响最大的因素是收入和教育水平。赖茂生认为针对社群数字不平等应构建公益信息制度，也就是建立一种规则和机制，在市场和政府之外由公益组织主导分配信息通信技术和信息内容，该制度的目的是帮助数字弱势群体不断提高数字化水平。❸

数字不平等与数字鸿沟相比是一个更加宽泛的概念，与掌握数据化和数字化的基本知识和技能有很大的关系。在数字信息社会，一个人能够接触和利用的信息数量与质量会对其参加社会交往活动的能力产生巨大的影响。作为数字信息时代社会不平等的一种延伸，数字不平等是一个综合性的、复杂的社会工程问题，

---

❶ 闫慧．数字鸿沟研究的未来：境外数字不平等研究进展［J］．中国图书馆学报，2011，37（4）：87-93．
❷ 闫慧．数字贫困社群实现信息社会流动的影响因素研究——一项京津晋沪粤五地调研的实证分析［J］．情报资料工作，2013（4）：91-96．
❸ 赖茂生．信息化与数字鸿沟［J］．现代信息技术，2000（12）：3．

要有效地解决这一问题，必须政府部门、公共信息机构、公共服务企业和公共教育机构相互积极配合，共同努力，合理利用知识、技术等多种资源，采取合适的措施。

1.1.4 数字不平等主要原因的相关研究

数字不平等问题的出现是多种因素共同作用的结果，既有宏观因素也有微观因素。产生数字不平等的主要原因可以分为四类，分别为个人因素、经济因素、文化因素和社会因素（表1.4）。

表 1.4 产生数字不平等的主要原因

一级原因	二级原因	一级原因	二级原因
个人因素	性别	经济因素	技术发展水平
	年龄		经济发展水平
	种族		城市化
	家庭结构	文化因素	语言
	婚姻状况		受教育程度
			知识
	身体健康程度	社会因素	社交水平
	就业情况		社会网络
	所在地区		社会安全

（1）经济因素

经济因素对数字不平等的影响十分显著，是导致数字不平等产生的根本原因。其中，经济发展水平是导致产生数字不平等的主要因素。[1] 从国家的层面分析，对所有的国家而言，影响数字化发展的显著因素是GDP。[2] 通过对影响我国互联网的普及程度的因素进行分析发现，人均地区生产总值是比较明显的影响因素。[3] 从技术发展水平来讲，数字技术水平的差异是导致数字不平等的因素之一。技术发展水平会影响数字技术产品的使用，在各种相关因素的共同作用下使得数字不平

---

[1] CHINN M D, FAIRLIE R W. The determinants of the global digital divide：a cross-country analysis of computer and internet penetration [J]. Oxford Economic Papers，2007，59（1）：16-44.

[2] BILLON M，LERA-LOPEZ F，MARCO R. Differences in digitalization levels：a multivariate analysis studying the global digital divide [J]. Review of World Economics，2010，146（1）：39-73.

[3] 汪明峰. 互联网使用与中国城市化——"数字鸿沟"的空间层面 [J]. 社会学研究，2005（6）：112-135，244.

等发生。信息基础设施是促进互联网发展的重要因素,信息基础设施越先进,互联网发展水平越高。❶

(2) 个人因素

陆峰等认为,年龄、性别等都会对数字不平等产生影响。❷ 袁勤俭等通过对不同类型的家庭进行研究发现,在已婚、孩子不满18岁的双亲家庭中,互联网的普及率一直处于最高水平,而且不同家庭的差距呈现出不断扩大的趋势。❸ 洪海娟和万跃华指出,男女之间的数字不平等现象呈现出逐渐消失的趋势。❹

(3) 文化因素

受教育程度与互联网的使用频率之间存在一定的关系。相关研究认为,受教育程度较高的人使用互联网比较频繁,拥有较强的理解能力,对事物的发展变化有着比较全面、客观的看法,而受教育程度比较低的人更多关注娱乐信息,对事物缺乏相对理性的看法。相关研究指出,受教育程度较高的人在数据信息的查找方面更加主动,受教育程度较低的人则更多地关注互联网的娱乐功能。吴建中等提出,在受教育程度较高的高收入群体和受教育程度较低的低收入群体之间,在发达国家与发展中国家之间,收入、信息、机遇及知识差异正在不断扩大。❺

(4) 社会因素

社交对信息的获取有着积极的促进作用,社交能力越强,信息的获取越快。社交能力较弱的人在数据的获取过程中处于劣势地位。网络社交日益成为人们日常必需的社交。网络社区是网络社交的产物,当一个人处于不同的网络社区时,会对接触、理解的各种信息进行选择性处理,对异质性信息产生排斥反应。

1.2 研究价值

随着数字经济的快速发展,信息化社会正在逐渐形成,人们在享受信息技术

---

❶ 刘芸. 关于国际数字鸿沟影响因素的实证分析 [J]. 统计与决策, 2007 (9): 87-89.

❷ 陆峰, 李新, 周汝瑞. 我国数字鸿沟的成因和影响因素及消除策略研究 [J]. 科技情报开发与经济, 2007 (32): 93-96.

❸ 袁勤俭, 黄奇, 朱庆华. 影响美国数字鸿沟的因素分析 [J]. 情报科学, 2005 (3): 349-354.

❹ 洪海娟, 万跃华. 数字鸿沟研究演进路径与前沿热点的知识图谱分析 [J]. 情报科学, 2014, 32 (4): 54-58.

❺ 吴建中, 金晓明, 徐强. 消除数字鸿沟 提高信息素养——以上海社区图书馆为例 [J]. 图书馆杂志, 2002 (11): 23-28.

的发展带来的便利的同时,由于不同国家、不同地区、不同社会群体之间的信息技术拥有程度不同,创新发展能力存在差异,社会发展不平衡的现象越来越普遍,数字不平等现象也引起了广泛的关注。数字不平等是一种由于技术不足或者技能缺乏导致的鸿沟或排斥,数字不平等现象的存在不仅会对经济、文化、社会领域产生重要的影响,也会影响个体的发展。本书通过对数字不平等问题展开研究,剖析数字不平等的特征、内涵与现状,解析数字不平等的理论基础,构建数字不平等的指标体系,根据数字不平等的测度结果进行异质性分析和聚类分析,实证探究数字不平等的影响因素,探索数字不平等的弥合策略,对于解决数字不平等问题有重要的理论和应用价值。

第一,对数字不平等问题的研究与分析有利于进一步丰富数字不平等的内涵,形成科学、全面、系统的研究框架,为解决数字不平等问题提供理论基础。快速发展的数字经济对打破和消除传输和获取信息的障碍和壁垒产生积极的促进作用,并且逐渐成为打破二元经济结构必不可少的重要力量。我国的社会主要矛盾已经转变成人民日益增长的美好生活需要和不平衡不充分的发展之间的矛盾,这就意味着关于不平衡与不充分的研究需要更加完善。数字不平等作为社会不平等的一种体现,对其进行研究与实现数字经济的全面发展和共同富裕有着重要的关系。现有的数字不平等的研究将其定义和内涵局限于数字鸿沟现象,只是从互联网技术的接入和使用不平衡的角度进行研究,然而,随着信息化社会的逐渐形成,人工智能、区块链及大数据等数字化技术迅速发展,在数字经济迅速发展的时代背景下也应该对数字不平等的定义进行扩展和延伸,逐步形成科学、全面、系统的研究框架。本书对数字不平等的内涵与特征、理论基础等进行了更为系统的探讨,有助于进一步丰富和完善数字不平等的理论内核,构建起数字不平等的研究体系,拓展数字不平等的统计测度方法,推动数字经济的改革,为研究、探索解决数字不平等问题提供一定的理论基础。

第二,构建数字不平等的指标体系,并且在对数字不平等进行统计测度分析时选择合适的方法进行实证研究,有助于解决数字不平等的测度问题,进一步推动实现经济社会的高质量发展。在数字化发展的背景下逐渐衍生出了数字不平等问题,数字不平等的测度是亟须解决的难题。本书从数字技术接入层面——"接入沟"和数字技术利用层面——"使用沟"两个层面对数字群体基础和数字环境基础进行分析,进而构建数字不平等的指标体系,并选择合适的统计测度方法,为解决数字不平等的测度问题提供帮助。

第三，对数字不平等进行一系列的综合研究，有利于为解决数字不平等问题提供方向上的指导，可以有效减少其带来的不利影响，促进数字信息技术的提升和发展，推动数字经济实现均衡、健康发展。当今的数字信息化社会，世界各国的数字经济出现了各种各样的问题，如何有效地解决这些问题成为刻不容缓的研究课题。本书通过对数字经济及数字不平等的内涵和特征的梳理，提出了数字不平等的统计测度体系，探讨了数字不平等的弥合策略，提出了解决数字不平等问题的策略。

1.3 研究内容

本书在对数字不平等的特征及内涵进行界定的基础之上，对数字不平等的发展现状和应对数字不平等采取的行动进行了分析，构建了数字不平等的指标体系，并选择合适方法进行统计测度，根据测度结果进行了异质性分析和聚类分析，实证分析了数字不平等的影响因素，对数字不平等的弥合策略进行了探讨。

本书共分为三部分，第一部分包括第1~4章，主要介绍数字不平等的内涵、现状及理论基础；第二部分包括第5~7章，介绍数字不平等的评价指标体系构建及统计测度，并对测度结果进行异质性分析和聚类分析；第三部分包括第8、9章，介绍数字不平等的影响因素和弥合策略。

第一部分重点介绍数字不平等的内涵、特征、发展现状和应对数字不平等采取的行动，并对数字不平等的基础理论进行分析和介绍。首先，通过对我国的数字信息技术的发展现状的分析，从国际和我国两个角度讨论应对数字不平等现状采取的行动，说明数字不平等在国内外已经引起重视。然后，从理论角度出发，以信息不对称理论、人力资本理论、知识溢出理论和机会平等理论为基础，对数字不平等的形成机理进行分析。

第二部分主要选择合适的评价指标体系和测度方法对数字不平等进行异质性分析和聚类分析。在理论分析的基础上构建数字不平等的评价指标体系，进而对数字不平等进行统计测度分析，根据样本特性选取主成分分析法对指标数据进行处理，构建数字化水平线性转换模型，测度我国样本家庭间的数字不平等水平，并采用系统聚类分析方法进一步分析我国城镇和乡村家庭数字不平等的差异关系。

第三部分在对数字不平等进行评价指标体系构建并对统计测度结果进行异质性分析及聚类分析的基础之上构建基准回归模型，对数字不平等的影响因素进行研究，并进行实证分析，从家庭文化资本、家庭婚姻质量和家庭代际关系三个方面对家庭数字不平等的影响因素进行讨论，从基础设施建设、产业升级、教育信息化、数字政府建设四个方面对数字不平等的弥合策略进行探讨，为解决数字不平等问题提供参考。

1.4 创新之处

本书创新之处主要体现在以下三个方面：

第一，本书对数字不平等的内涵进行了更全面的概括，不仅包括数字鸿沟，还包括数字鸿沟问题导致的社会不平等现象，丰富了数字不平等理论。现有的研究仅将数字不平等的定义和内涵局限于数字鸿沟现象，事实上，数字不平等和数字鸿沟之间存在着差别，数字不平等要结合社会上本来就存在的不平等现象考虑。在数字经济迅速发展的时代背景下，应该对数字不平等的定义进行扩展和延伸，逐步形成科学、全面、系统的研究框架。

第二，在对数字不平等基础理论进行分析的基础上建立了数字不平等的评价指标体系，并对统计测度结果进行异质性分析及聚类分析。在数字化快速发展的背景下，制约数字不平等测度问题的关键是基础数据不足。研究早期对数字不平等的测度只通过一些宏观指标进行，如地区内部的互联网覆盖率、移动设备使用率和固定宽带接入率等。随着大量新型数字化技术的出现，用以上指标对数字化技术的使用差异进行测算的方法已经不能对数字不平等的程度进行准确的刻画，需要构建更加全面、系统的指标体系。

第三，基于经典主成分分析方法，构建了数字化水平线性转换模型，对我国样本家庭间的数字不平等水平进行测度分析，并采用系统聚类分析方法进一步分析了我国城镇和乡村家庭数字不平等的差异关系。现有文献多关注数字鸿沟的测度，探讨其形成的原因，对数字不平等的测度及其影响因素研究较少，而且主要是对国家之间、省份之间的数字化差异进行测算，很少对城乡之间的数字化差异进行测算，这就需要建立更加全面、系统的测算框架，进而对数字不平等的影响因素进行讨论，并找到数字不平等的弥合策略。

第 2 章 数字不平等的演进过程、本质表现与特征

数字信息化的快速发展与信息技术的推广使用令世界迎来了以信息技术为驱动的技术革命时期，各国的经济进入了数字化全面转型快速发展的重要时期。事物之间存在着普遍联系，数字化技术的发展对人们产生的影响是不容忽视的，但这种影响的大小却因地而异、因人而异。由于数字化技术在不同地区发展不均衡，不同主体接触数字化设备的机会不均等，产生了数字鸿沟，数字鸿沟逐渐发展为数字不平等。本章首先对数字不平等的演进过程及本质表现进行介绍，然后对数字不平等的特征及影响进行说明。

2.1 数字不平等的演进过程与本质表现

2.1.1 数字不平等的演进过程

随着数字经济的飞速发展，逐渐形成了信息化社会，以数字鸿沟为基础、代表数字化技术分布不均衡的数字不平等现象及其经济、社会影响引起了众多学者的广泛关注。数字技术的广泛应用带动了就业和创新，但是如果数字资源配置不公平、不合理、没有效率，就会导致数字不平等现象的产生，使得数字经济对经济增长的带动效应呈现异质性，对人们享受数字经济带来的福利产生不利影响。

数字不平等是伴随着互联网和数字信息技术的发展和普及而衍生出的社会不平等问题，早期主要表现为数字鸿沟，后来逐渐扩展，形成了数字不平等。数字不平等的演进主要经历了数字鸿沟和数字不平等两个阶段。

1. 数字鸿沟阶段

数字鸿沟是指在不同的经济水平下，个人、家庭和地区获取和使用信息通信技术的差异。随着时间的推移和信息技术的发展，数字鸿沟的内涵逐渐得到丰富和发展，大致可以分为三个阶段，具体见表2.1。

表2.1 数字鸿沟的发展阶段

时间	发展阶段	具体含义
20世纪90年代	一级数字鸿沟阶段	指数字接入鸿沟，即不同的地区、不同的社会群体互联网接入与否的差异
2001—2010年	二级数字鸿沟阶段	指数字能力鸿沟，也被称作技能鸿沟，即不同地区、不同社会群体由于对互联网技术、技能掌握程度不同而产生的差异
2010年至今	三级数字鸿沟阶段	指数字成果鸿沟。从表面上看，数字鸿沟是在信息技术的拥有和使用方面，不同的群体存在着三个方面的不同，即信息技术基础设施不同、信息技术使用技能掌握程度不同、信息技术的使用效能不同；从本质上看，数字鸿沟是指信息富有者和信息贫困者之间存在的差异，这种差异本质上是社会不平等的一种表现

第一阶段是一级数字鸿沟阶段。20世纪90年代，一级数字鸿沟是研究讨论的重点。巴尼·沃夫（Barney Warf）认为，数字鸿沟的解决大多采用技术手段，通过改善基础设施弥合数字鸿沟。❶ 数字鸿沟形成的初期，互联网和计算机技术等现代信息技术逐渐在社会发展中得以体现，使得数字鸿沟表现为是否具备接入互联网的条件。汪明峰指出，在互联网时代，数字鸿沟是指互联网使用者和不使用者之间的差异。❷ 随着互联网的不断发展，制约数字经济发展的主要原因已经不再是一级数字鸿沟，用户在互联网接入上的差距已经不是很显著了。因此，数字鸿沟讨论的焦点开始转变，数字鸿沟进入新的阶段。

第二阶段是二级数字鸿沟阶段。范·德尔森（Van Deursen）等认为，数字鸿沟在信息技术不断发展的过程中已经和最初的数字鸿沟概念不同，不仅包括是否

---

❶ BARNEY W. Segueways into cyberspace: multiple geographies of the digital divide [J]. Environment and Planning B: Planning and Design, 2001, 28 (1): 3-19.
❷ 汪明峰. 互联网使用与中国城市化——"数字鸿沟"的空间层面 [J]. 社会学研究, 2005 (6): 112-135, 244.

拥有和使用互联网的差异,也包含使用互联网时存在的技能差异。❶ 于良芝对数字鸿沟和信息不平等问题进行了详细的介绍,认为应该把数字鸿沟看作一种多层次、多阶段、不平衡的现象,这种现象既包含了媒介是否可以接入,也包含了信息动机和意识。❷ 胡鞍钢等认为,数字鸿沟的实质是指在普及和使用新型信息和通信技术时存在的不平衡,这就体现了在信息资源获取方面不同国家、同一国家的不同地区及不同社会群体之间存在不均衡,而且这种不均衡会不断地扩大。❸ 刘晓苏指出,数字鸿沟是一种现象,通过对互联网技术的掌握和使用得以表现,产生这种现象的原因是贫富差距。❹ 现实中,虽然在某个国家或者地区互联网的普及率非常高,但是数字鸿沟现象依然存在,因此,对数字鸿沟问题的研究开始转向互联网技术和技能的掌握程度,这不仅与信息通信技术基础设施是否普及有关,而且与互联网使用者的物质资本等相关。

第三阶段是三级数字鸿沟阶段。随着数字鸿沟问题研究的深入,一些学者开始对数字鸿沟进行更深层次、更加全面的思考,除了对互联网接入与否、信息数字技术技能掌握程度进行研究之外,开始对互联网的使用后果进行研究。关于三级数字鸿沟的定义与概念,目前还没有特别明确的介绍,不同学者有不同的理解。韦路等认为在之前关于数字鸿沟的研究中,互联网的接入和信息资源的使用是重点,但是在互联网不断发展的背景下,互联网的接入和信息的使用会在不同的人之间形成知识差异,也就是数字成果差异。❺ 边留峰分析了数字鸿沟的意义,从表面和本质两个角度对数字鸿沟的概念进行了比较全面的总结:从表面上看,数字鸿沟是在信息技术的拥有和使用方面,不同的群体存在着三个方面的不同,即信息技术基础设施不同、信息技术使用技能掌握程度不同、信息技术的使用效能不同;从本质上看,数字鸿沟是指那些信息富有者和信息贫困者之间存在的差异,这种差异本质上是社会不平等的一种表现。❻

---

❶ ALEXANDER VAN D. Internet skills and the digital divide [J]. New Media & Society, 2011, 13 (6): 893-911.
❷ YU L Z. Understanding information inequality: making sense of the literature of the information and digital divides [J]. Journal of Librarianship and Information Science, 2006, 38 (4): 229-252.
❸ 胡鞍钢,周绍杰. 中国如何应对日益扩大的"数字鸿沟"[J]. 中国工业经济, 2002 (3): 5-12.
❹ 刘晓苏. 数字鸿沟的政治学思考——以发展中国家为例 [J]. 理论与改革, 2002 (1): 15-18.
❺ 韦路,张明新. 第三道数字鸿沟:互联网上的知识沟 [J]. 新闻与传播研究, 2006 (4): 43-53, 95.
❻ 边留峰. 工业4.0时代中国数字鸿沟:治理挑战及应对之策 [J]. 电子政务, 2016 (12): 91-97.

2. 数字不平等阶段

数字不平等的概念是由迪马乔（DiMaggio）和哈吉泰（Hargittai）首次提出的，他们不仅对互联网接入导致的差异进行了研究，还对互联网的接入和使用带来的不平等问题进行了探讨，之后关于数字不平等的研究开始逐渐增多。

数字不平等的本质是数字鸿沟，随着数字经济的不断发展、数字化程度的不断提高，数字不平等的内涵不仅包括数字鸿沟，还包括数字鸿沟导致的社会不平等现象的影响。

首先从数字鸿沟的角度分析。数字不平等现象产生的直接原因是数字鸿沟的存在，数字鸿沟又包括在数字不平等的内涵中。数字鸿沟是一种不均衡现象，这种不均衡使得信息富有者和信息贫困者之间的差距不断拉大，导致经济、社会不平等。因此，数字鸿沟是最基础、最直接的数字不平等类型。

其次是数字鸿沟导致的机会不平等。这种不平等表现为使用机会不平等和参与机会不平等。使用机会不平等是指随着各种数字产品和服务如数字媒体与交易等逐渐增多，掌握了数字技术技能的人比尚未掌握数字技术技能的人能够更早地享受数字产品和服务带来的数字红利，不断提高自己的效益。参与机会不平等主要通过居民和企业两个层面得到体现。从居民层面看，不能熟练掌握数字技术技能的家庭与熟练掌握了数字技术技能的家庭相比存在很多弊端，如无法跨越空间、地域的限制，无法在线上平台投资，无法进行网络课程的学习，无法享受数字信息技术带来的机会等，从而无法融入数字化社会或者融入比较缓慢。从企业层面看，数字化水平较高的企业与数字化水平较低的企业相比，会更快地适应数字化的发展，这有利于企业较快地完成数字化转型，进行生产方式的改革创新。

最后是数字鸿沟导致的结果不平等。这种结果不平等主要是指对于信息富足者来说，数字技术的发展会为其带来经济结果和社会结果两方面的数字红利。从经济结果来看，数字经济会使国家之间出现税基侵蚀和利润转移问题，但是数字技术相对发达、数字经济发展比较快的国家相关制度比较完善，对税基侵蚀的冲击应对速度较快，财政收入受到的影响比较小。从企业的角度来看，数字技术会产生明显的生产率效应。一个企业如果数字化水平比较高，数字技术的发展就会降低企业的生产成本、提高企业的生产效率、提高企业的创新能力；相反，如果一个企业数字化程度比较低，就会产生消极的负面影响。此外，企业数字化的发展会对企业内部的雇佣结构产生一定的影响，导致生产工人与非生产工人的不平等。从社会的角度看，数字化程度比较高的政府部门可以利用互联网技术提高办公效率，使得政府办公更加透明公开，有利于公民进行监督。从居民的角度看，掌握比较熟练的数字技能的群体可以通过线上平台工作、学习、创业、投资等，从而促进收入和消费的增加，但是同时，对信息技术掌握不熟练的群体来说，经济不平等现象会更加严重。

2.1.2 数字不平等的本质表现

数字不平等从本质上说是一个比较差值的概念，是在信息化社会中，在心理、技能、资源等各方面不同社会群体之间数字化水平存在的差异和不平等状况。可以从微观和宏观两个角度进行更加深刻的理解。从微观的角度来说，数字不平等这一概念是对不同个体或者不同群体之间存在的数字化差异的描述，如用来解释数字贫困者和数字富有者之间存在的数字不平等现象；从宏观的角度来说，数字不平等是对不同地区、不同国家甚至整个社会存在的数字不平等现象的描述，如数字不平等的地区分布情况、变化趋势等。

数字不平等的本质是信息控制权的不平等。信息时代，信息是硬权力和软权力的重要组成部分。权力的核心要素一直都是诱导或者强迫他人就范的能力。❶ 这表明，资源分配的基本要素是信息控制的权力。数字不平等的本质就是信息控制权的不平等。数字不平等的本质表现可以从技术层面、经济层面、知识层面和社会层面分析探讨。

首先是技术层面的数字不平等。技术层面的不平等主要是指在接入信息技术和使用的接入设备的质量方面不同主体存在差距。根据中国互联网络信息中心发布的第50次《中国互联网络发展状况统计报告》，截至2022年6月，我国城镇网民规模达到7.58亿人，在总体网民规模中所占比例为72.1%；农村网民规模达到2.93亿人，在总体网民规模中所占比例为27.9%。我国城镇互联网普及率为82.9%，而农村地区的互联网普及率为58.8%。由此可见，城乡之间网民规模及是否接入网络的差距还是很大的。此外，不同群体之间也存在较大的差异，尤其是不同职业的群体之间差异明显。

其次是经济层面的数字不平等。经济层面的不平等主要是指数字财富的不平等。由于大多数数字产品的接入和使用都需要比较高的费用，所以处于不同经济

---

❶ 罗伯特·基欧汉，约瑟夫·奈. 权力与相互依赖 [M]. 门洪华, 译. 北京：北京大学出版社, 2002.

水平的主体在接入和使用数字产品时,数量和质量都存在比较大的差距,这种由于经济水平的不同导致的差距就是数字财富的差距,即经济层面的数字不平等。

再次是知识层面的数字不平等。知识层面的不平等主要是指不同主体在掌握信息技术和使用信息技术资源的技能方面存在差距。使用信息通信技术时人们需要具备一定的信息素养,而影响信息素养的一个重要因素就是个人所具备的知识和能力。那些拥有较高信息技术水平的人可以使自己具备的信息技术得到充分利用,获取自己需要的信息,抓住有利的发展机会,获得更多的物质财富;而信息技术水平较低的人则会被边缘化,在配置数字资源时出现分布不均,导致数字不平等现象的出现。

最后是社会层面的数字不平等。社会层面的数字不平等主要是指随着信息技术快速发展,不同社会主体掌握的信息技术和信息资源不同,使得数字不平等现象不断恶化,导致社会阶层分化现象越来越严重。从获取信息资源的角度看,在数字信息时代,信息是具有有偿性的,用户通过互联网获得信息和服务时,如下载资料、进行广告宣传等,绝大多数网站都会收取一定的费用。这种情况的存在就会使得不同的人群在获取信息时存在不平等。拥有较高收入的人有条件培养更高的数字信息技能,获得更加充分、丰富的数字信息资源,而那些收入较低、数字信息技术匮乏的人则不能很好地获取数字信息资源,逐渐被边缘化,导致数字不平等现象的产生。从分配信息资源的角度看,促进人类社会系统正常运行的三大要素分别是物质、能源和信息,作为三大要素之一的信息通常情况下需要依靠物质资源和能源资源发挥自身的作用。我国地区之间(东部、中部、西部地区)、城乡之间及行业之间的资源分配长期处于不均衡的状态,掌握资源较少的人群分配到的信息资源通常也较少,这种不均衡就是信息资源分配的不平等。

2.2 数字不平等的特征与影响

2.2.1 数字不平等的特征

数字信息化的快速发展使世界迎来了以信息技术为驱动的技术革命时期,推动全世界快速发展与变革,数字经济快速发展,不仅可以优化资源配置,调整经济结构,也对竞争格局的形成产生了影响。数字不平等现象的存在对数字经济的发展产生了消极的影响。数字不平等在发展过程中呈现出不均衡性、可预测性、可积累性的特征。

首先是不均衡性。数字不平等的不均衡性是由 ICT 价值的二重性导致的。唯物辩证法告诉我们，任何事物都具有两面性，信息技术也是如此，既有积极的一面，也存在消极的影响。网络技术的发展和信息技术的使用对社会的进步与变革产生了积极的推动作用，对于每一个人来说，获取这些信息的机会应该是公平的，但是由于不同群体信息技术掌握程度不同、不同地区的数字经济发展水平不同，数字信息在分配时具有不均衡性。

其次是可预测性。随着数字信息技术的发展，社会进入了大数据时代。大数据可以用于预测，即通过数学算法，对大量的数据进行分析，对未来发生的事件的可能性进行预测。数字信息技术的推广使得人们可以收集、挖掘、整理大量数据，通过分析这些数据可以对人们的行为进行预测。

最后是可积累性。进入数字信息时代之后，数字化的发展导致数据化的产生。数字不平等表现为互联网接入和使用及在社会层面、政治层面和经济层面存在的差异，是在数字鸿沟的基础上经过社会、政治、经济和文化的传承发展起来的概念，具有一定的可积累性。

2.2.2 数字不平等的影响

数字不平等问题如果得不到妥善解决，对社会经济的发展会产生消极的影响。首先，数字不平等会使区域的发展不平衡，导致贫富差距不断扩大，不利于共同富裕的实现。其次，数字不平等会提高行业的垄断程度，对企业的创新发展产生一定的抑制作用，甚至对整个国家的创新发展产生危害。再次，数字不平等使老年人与社会脱节，对社会的和谐稳定发展产生不利影响。最后，数字不平等会导致教育不平等问题的发生。

1. 数字不平等加剧区域发展不平衡，扩大贫富差距

首先，数字不平等会使得地区的经济发展不平衡加剧。从 1978 年改革开放至今，我国的经济发展始终处于不平衡的状态，呈现出东部地区发展较快、中西部地区发展较慢的特点。数字经济的发展是实现各地区均衡发展的重要支撑，但是西部地区数字基础设施建设比较薄弱，数字信息技术的创新程度不高，数字经济的带动作用明显不如东部相对发达的地区。这种地区之间的数字不平等会对数字经济的共享产生阻碍作用，进而使得东部、中部和西部地区的发展不平衡。

其次，数字不平等会对城乡的均衡发展产生不利的影响。城乡之间的差距是发展不平衡不充分的突出表现。数字经济的发展不仅可以对乡村地区的经济发展产生积极的促进作用，也会在缩小乡村与城市之间的差距方面发挥一定的作用。但是由于城乡之间数字基础设施、信息数字化技术等存在一定的差距，会导致数字不平等的出现，使得城乡之间的发展差距进一步扩大，城市可以享受数字经济带来的有益影响，而乡村缺乏相应的技术人才，缺少应用数字技术的能力，实现数字化转型比较困难，加剧了城乡之间的发展不平衡。

最后，数字不平等会导致我国贫富差距加大，影响共同富裕目标的实现。当前，我国发展数字经济的目的是消除数字不平等，使更多的人共同分享数字经济发展的成果，但是数字不平等的存在会让数字信息富有者获得更多的数字红利，数字信息匮乏者获得较少的数字红利，贫富差距不断扩大，不利于实现共同富裕这一目标。

2. 数字不平等不利于企业乃至国家的创新发展

第一，数字不平等对企业的创新能力产生不同的影响。当前，工业发展进入数字化时代，企业要想获得进一步的发展，必须实现升级转型。一些有能力、具备数字经济优势的企业拥有丰富的技术资源，可以利用数字技术对传统产业进行数字化转型。这些优势企业会逐渐占有越来越多的市场份额，并向其他领域发展，慢慢地形成市场垄断，而那些没有数字经济优势的企业则难以提高发展效益，二者之间就会出现越来越大的差距。一个企业成为垄断企业后，会更倾向于在熟悉的领域发展，其创新能力就会慢慢减弱，不利于企业的创新发展，对国家的创新发展也会产生不利的影响。

第二，制造业内部的创新不平等可能是由于数字经济的发展产生的。对于先进的制造业来说，数字经济带来的创新效果比较明显；对于传统的制造业，创新发展效果则没有那么显著。先进的制造业拥有大量资源和高端技术人才，对信息进行加工处理时具有明显的优势，在进行数字化转型时相对容易；而传统制造业更倾向于传统的技术发展路径，大量的固定资产投资产生了较大的沉淀资本，数字化转型相对困难。

第三，数字不平等会对企业间的协同创新产生一定的影响。数字不平等主要通过管理方式、战略目标等影响企业间的协同创新。从管理方式看，信息化水平较高的企业建立了完善的信息管理系统，工作效率较高，信息化水平较低的企业缺少完善的信息管理系统，导致企业之间的管理水平差距较大，在进行合作创新时，企业间的协同创新成本加大，降低了企业之间协同创新的效益。从战略目标看，信息化水平较高的企业和信息化水平较低的企业战略目标存在很大的差异，信息化水平较低的企业无法适应信息化水平较高的企业的战略目标，不利于企业间的协同创新发展。

3. 数字不平等导致老年人与社会脱节问题

当今社会，数字技术的使用越来越普遍，无论是衣食住行还是制定和实施相关政策和战略，都离不开数字技术，数字技术几乎融入了生活的方方面面，发挥着重要的作用。但是对于老年人来说，数字技术的发展过于迅速，他们不能快速地适应社会的发展，生活的一些方面受到影响。显而易见，数字不平等现象会对老年人产生不利的影响。

第一，数字不平等会使老年人的安全感降低。进入数字化时代以后，由于老年人对网络信息的理解不够深刻，数字信息技术掌握不熟练，在使用数字技术时很容易下载一些垃圾软件，遭受电信诈骗等，甚至影响自身的财务安全。目前针对老年人的信息和隐私安全还没有建立比较完善的保障机制，他们更容易对网络产生很强烈的不安全感，不信任网络世界，并对数字技术的应用产生偏见。

第二，数字不平等会使老年人和社会的发展慢慢脱节。老年人受身心特点、思想观念和知识结构等的影响，对网络信息技术不够了解，对数字化的生活适应能力比较弱，会在获取设备、连接网络等方面产生一定的障碍，他们的生活会慢慢与社会的发展趋势产生一定的距离，不能享受完整的社会服务，对他们的社会融入度产生不利的影响，慢慢地与社会的发展脱节。

第三，数字不平等会使老年人参加社会活动的能力受到限制。在信息技术的使用方面，老年人处于落后的状态，尤其在青年群体是现代科技的主要服务对象的背景下，很多科技产品并不适合老年人使用，使得他们不能够很好地利用网络技术参加各种社会活动、提高社会活动的效率，他们的社会参与度受到限制。

当前，老年人应该以主动的姿态迎接并适应数字时代，提高适应并融入数字时代的意愿。同时，社会也应该帮助老年人解决数字困境，让老年人享受到数字化带来的方便快捷，更好地融入社会的发展。

4. 数字不平等导致教育不平等问题的发生

长期以来，数字技术及大力实施的信息化教育对我国教育事业的发展起到了强有力的推动作用，尤其是在近几年新型冠状病毒肺炎疫情的影响下，线上教育迅速普及发展。但是由于家庭教育资源分布存在一定差异，对教育公平问题也会产生一定的影响。

区域经济发展水平不同是导致教育不平等问题的一个重要原因。由于线上教育快速发展和迅速普及，信息技术成为传递教育内容的重要方式。通过网络，学习者可以获得大量教育资源，获得更高水平的教育。然而，由于对信息技术掌握和使用熟练程度不同，学习者的学习机会和质量会受到不同程度的影响。经济发达地区的学习者可以很便利地利用网络学习，而且发达地区的家庭对教育投资的重视程度较高，而经济落后地区的学习者没有便利的条件利用互联网学习，对教育的投资也不高，加剧了教育不平等现象。

相对落后的教育信息化观念是导致教育不平等的另一个重要原因。数字化时代，信息化建设在教育改革发展中发挥的巨大作用不容忽视。掌握了大量信息就相当于拥有了丰富的资源，抓住了发展的机会，找到了竞争的优势。教育信息化以促进信息技术与教育教学深度融合为核心理念，以数字化、信息化为发展特点，是教育水平较低地区实现跨越式发展的契机，但是一些地方政府没有将教育信息化作为实现教育现代化的手段。观念是行动的先导，教育信息化观念的相对落后加剧了教育不平等。

为了实现教育平衡发展，必须跨越数字不平等，发挥互联网对于推动数字公平的重要作用，加大对互联网基础设施建设的资金投入，使互联网接入速度进一步提高。同时，要提高网络教育资源的质量，满足不同地区学生对于教育的多样化需求，实现课程资源、教学资源及管理资源共享。此外，还要发挥家庭在教育中的作用。一方面，加强对家长使用互联网和数字资源等的能力的培训；另一方面，通过宣传等让家长了解线上教育在孩子成长中的重要作用。

第3章　数字不平等的现状及应对行动

　　数字信息技术促进经济增长和推动社会发展的优势在于其能大幅降低成本、提高就业率及极大推动创新等，但因区域经济发展不平衡、各地自然地理环境差异和地区历史条件不同等，数字信息技术在不同区域的发展与普及情况存在明显差异。因此，本章主要介绍数字不平等现状及国际和我国应对数字不平等所采取的一些行动。

3.1　国际数字不平等现状

3.1.1　总体情况

　　由国际电信联盟（ITU）发布的数据可知，2022年全球互联网用户达到53亿人，约占全球人口的66%，比2021年增加了6.1%，虽略高于2021年的增长率5.1%，但明显低于2020年的14%（图3.1）。尽管全球互联网用户数量不断增加，但全球未接入互联网人数仍有27亿人。

　　互联网发展与普及区域间存在明显的不均衡，如图3.2所示。发达国家的人口大部分为互联网用户，欧洲互联网用户占人口的比例高达89%，而非洲互联网用户占人口的比例仅为40%。在最不发达地区，2022年只有36%的人口使用互联网，要实现普遍连接互联网的目标任重而道远。

　　截至2022年，全球城镇地区互联网用户占比为82%，为农村地区互联网用户占比的1.3倍。在欧洲，城乡互联网鸿沟已基本弥合，其他地区城乡互联网鸿沟也在逐步缩小，如图3.3所示。

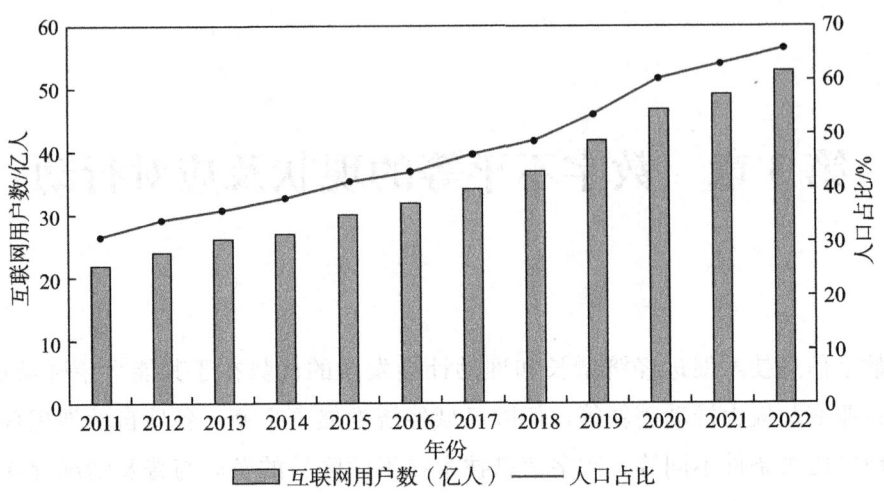

图 3.1　全球互联网用户数

数据来源：International Telecommunication Union Development Sector. Facts and figures 2022 ［R/OL］. https://www.itu.int/itu-d/reports/statistics/facts-figures-2022/.

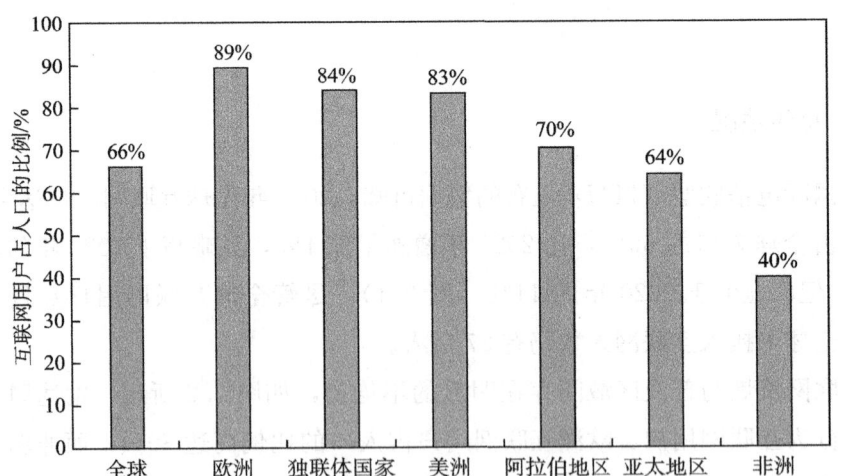

图 3.2　2022 年全球及各区域互联网用户占比

数据来源：International Telecommunication Union Development Sector. Facts and figures 2022 ［R/OL］. https://www.itu.int/itu-d/reports/statistics/2022/11/24/ff22-internet-use/.

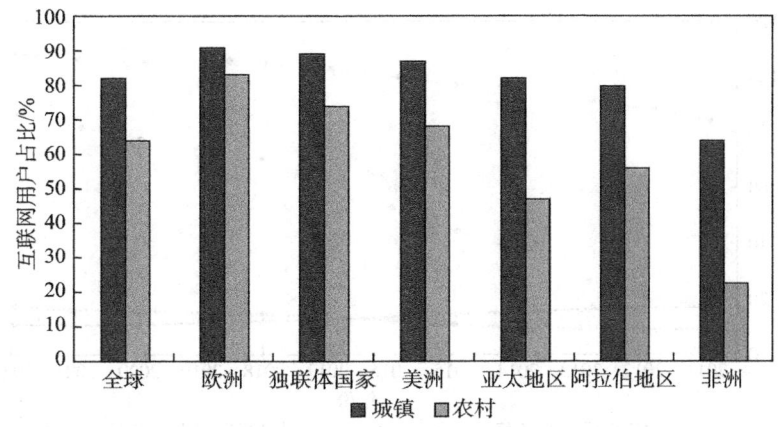

图 3.3 2022 年全球及各区域城乡互联网用户占比

数据来源：International Telecommunication Union Development Sector. Facts and figures 2022 [R/OL]. https://www.itu.int/itu-d/reports/statistics/2022/11/24/ff22-internet-use-in-urban-and-rural-areas/.

3.1.2 全球移动技术和网络速度的发展

1. 移动技术

全球范围内的固定宽带用户、移动电话用户与活跃的移动宽带用户数量正在逐年增加，固定电话用户数量则逐年下降，如图 3.4 所示。互联网的使用使得移动宽带用户数量快速增加，接近移动电话用户数量，而移动电话用户数量趋于平稳。2011—2022 年，移动宽带用户年平均增长率为 14.8%，而移动电话用户年平均增长率为 2%；固定宽带用户数量稳步增长，年平均增长率为 6.7%；固定电话用户数量则持续减少，平均每年减少 4.2%。

手机蜂窝网络能够为用户提供语音通话和视频通话等多种服务，方便用户进行网络搜索、浏览，并支持移动支付、健康监测。移动电话的这些优势使它的传播速度快于以往的所有通信技术。移动电话能在很多方面帮助数字弱势群体，如寻找工作岗位、获得远程公共服务、紧急求助和开拓个人网络等。

在全球范围内依然存在发展落后的地区，各地区信息技术的发展不平衡问题亟待解决。最不发达国家（LDCs）和内陆发展中国家（LLDCs）的 4G 网络覆盖率分别为 49% 和 46%，3G 网络覆盖率分别为 34%、35%（图 3.5），还没有达到联合国提出的可持续发展的目标，即到 2022 年大幅增加获得信息和通信技术的机

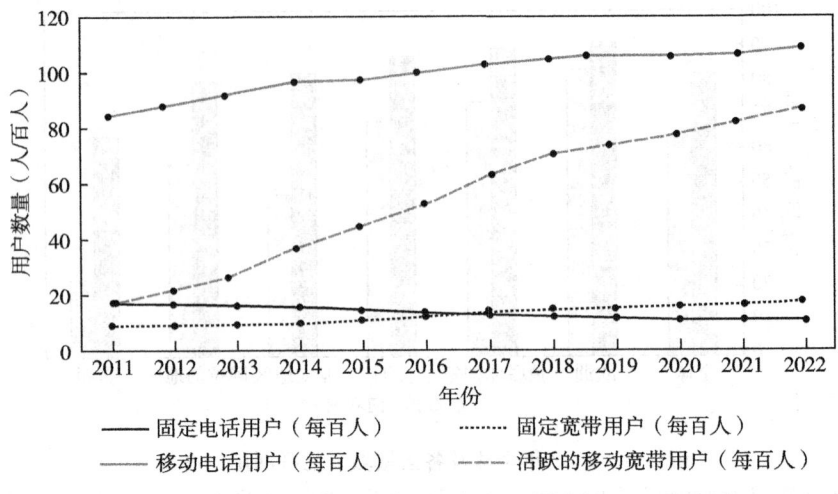

图 3.4　全球电话和宽带用户情况

数据来源：International Telecommunication Union Development Sector. Facts and figures 2022［R/OL］. https://www.itu.int/itu-d/reports/statistics/facts-figures-2022/.

会，并努力在最不发达国家提供普遍和负担得起的互联网接入。阿拉伯国家仍有四分之一的人口无法访问 4G 网络，非洲有一半人口无法访问 4G 网络，而在美洲、亚太地区、独联体国家和欧洲 4G 网络已覆盖 90％以上的人口。

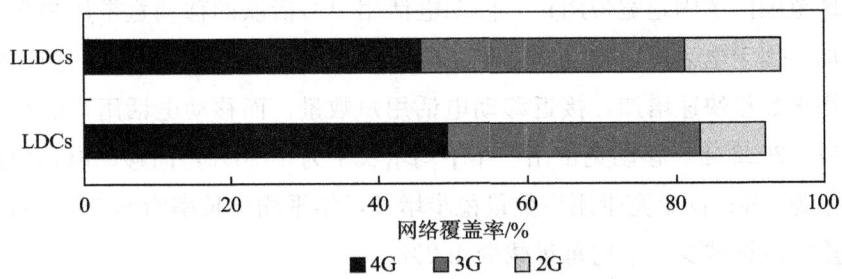

图 3.5　2022 年 LLDCs 与 LDCs 网络覆盖情况

数据来源：International Telecommunication Union Development Sector. Facts and figures 2022［R/OL］. https://www.itu.int/itu-d/reports/statistics/2022/11/24/ff22-mobile-network-coverage/.

虽然移动宽带网络已覆盖全球几乎所有的城市地区，但相较于城市地区，农村依然有很大差距。在美洲，依然有 22％的农村人口未被移动宽带网络覆盖，有 5％的农村人口还在使用 2G 网络，即有 27％的农村人口无法访问互联网。在非洲，有 15％的农村人口未被移动宽带网络覆盖，有 14％的农村人口还在使用 2G 网络。2022 年全球农村地区网络覆盖情况如图 3.6 所示。

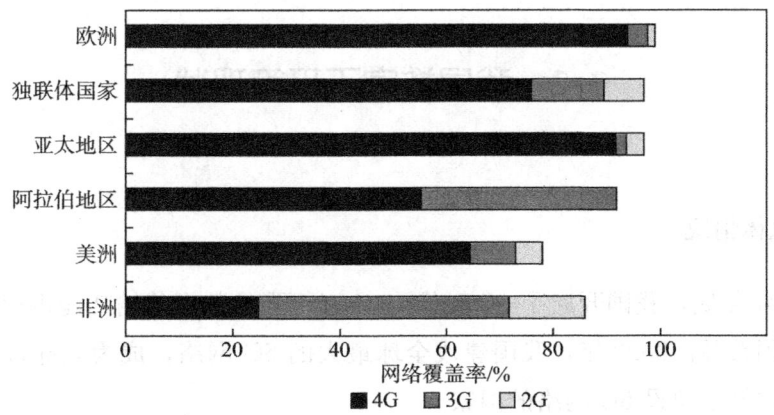

图3.6　2022年全球农村地区网络覆盖情况

数据来源：International Telecommunication Union Development Sector. Facts and figures 2022［R/OL］. https：//www. itu. int/itu-d/reports/statistics/2022/11/24/ff22-mobile-network-coverage/.

2. 网络速度

如今大部分社会经济活动都十分依赖网络速度，宽带网络速度的快慢在很大程度上影响着企业的经济活动。速度超过24Mbit/s的网络被定义为超高速网络。英国政府承诺在2017年前实现2Mbit/s网络速度的全民覆盖。2022年，全球宽带建设普及程度最高的地区欧洲，其宽带速度是最高的，为397kbit/s，而在贫困地区集中的非洲，宽带速度仅为85kbit/s，如图3.7所示。

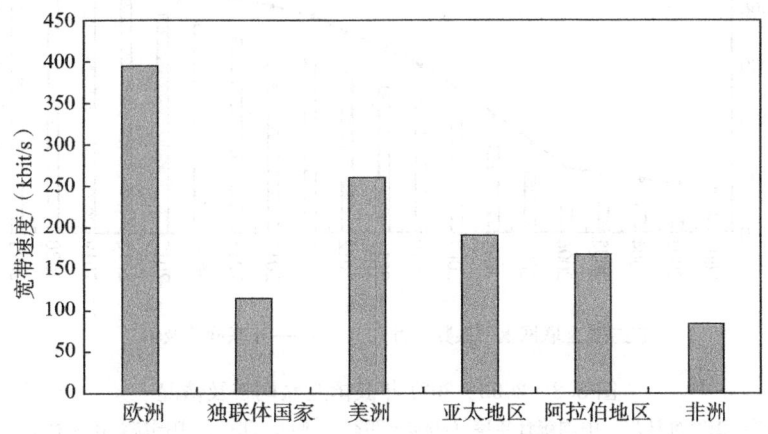

图3.7　2022年全球各地区宽带速度

数据来源：International Telecommunication Union Development Sector. Facts and figures 2022［R/OL］. https：//www. itu. int/itu-d/reports/statistics/2022/11/24/ ff22-international-bandwidth-usage/.

3.2 我国数字不平等现状

3.2.1 总体情况

2013年年底，我国开启了4G时代，4G以更强的数据传输功能迅速取代3G，开始在全国普及。2022年，我国建成全球最大的5G网络，成为全球首个基于独立组网模式规模建设5G网络的国家。

我国2002—2021年互联网普及情况相关数据如图3.8所示。2002年我国互联网上网人数为5910万人，此后互联网上网人数持续上升。信息通信技术的不断发展带动了互联网普及率的提高，2015年我国互联网普及率达到50.3%，2021年达到73%。截至2022年9月，第50次《中国互联网络发展状况统计报告》中的数据显示我国农村网民规模达2.93亿人，互联网普及率在农村达到58.8%。我国积极发展农村互联网基础设施，不仅使农村网民规模进一步扩大，而且为弥合数字鸿沟打下了良好基础。

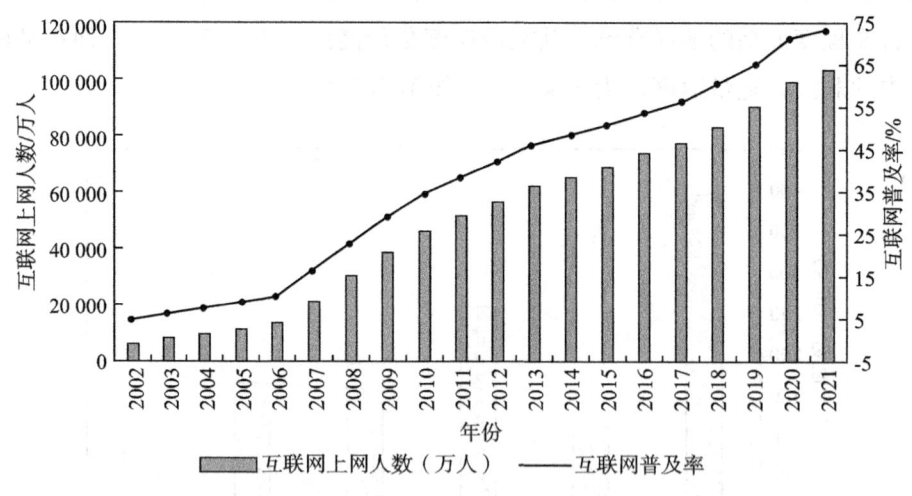

图3.8 2002—2021年我国互联网普及情况

数据来源：国家统计局. 中国统计年鉴（2003—2022）[M]. 北京：中国统计出版社.

如图3.9所示，2021年，我国城镇地区宽带接入用户为37 808.18万户，农村地区宽带接入用户为15 770.48万户。城镇与农村宽带接入用户比从2010年的

4∶1缩小到2021年的2.4∶1,城乡数字鸿沟在不断缩小。

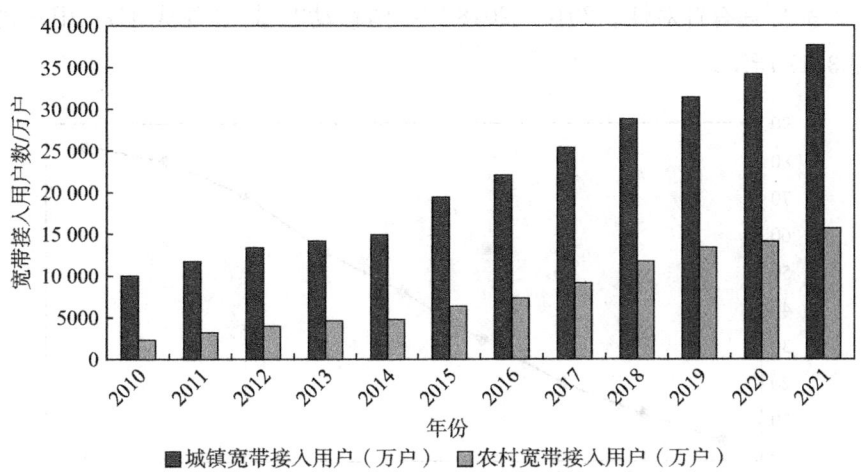

图3.9　2010—2021年我国城乡宽带接入用户数
数据来源:国家统计局.中国统计年鉴(2011—2022)[M].北京:中国统计出版社.

如图3.10所示,2016—2019年,农村宽带接入用户占比逐年上升。2020年农村宽带接入用户占比下降,2021年农村宽带接入用户占比与2020年相比几乎没有波动。

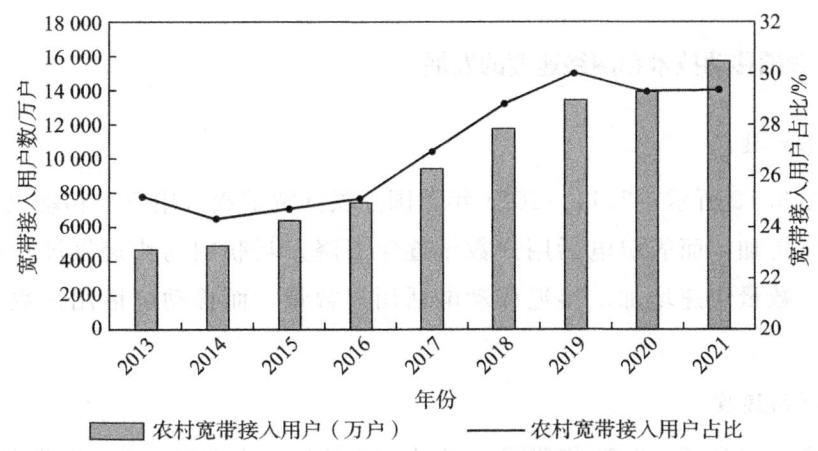

图3.10　我国农村宽带接入用户数及占比
数据来源:国家统计局.中国统计年鉴(2014—2022)[M].北京:中国统计出版社.

在21世纪早期,我国互联网通信主要基于拨号上网、专线上网等有线网络。2006年无线网络业务兴起,1G、2G网络受到广大用户的喜爱。2008年,智能手机的浪潮开始席卷全国,越来越多的手机制造厂商涌入市场,智能手机市场开始分化,产品更具有针对性。2010—2018年我国移动宽带(3G或4G)用户占比情况如图3.11所示。

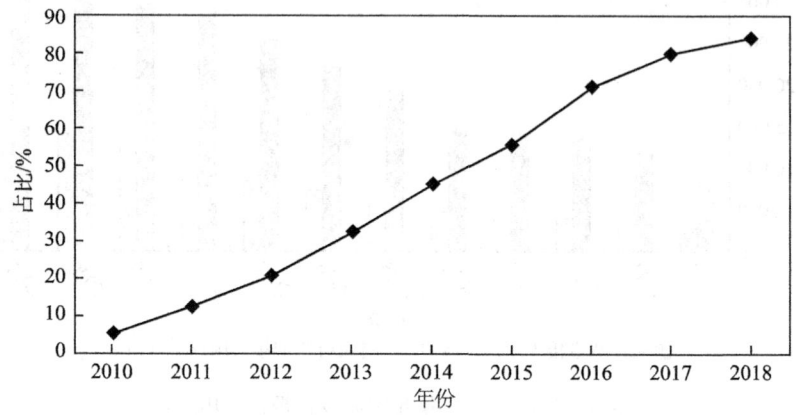

图3.11 我国移动宽带(3G或4G)用户占比

数据来源:1. 工信部运行监测协调局. 工信部发布2016年通信业统计公报[R/OL]. https://www.miit.gov.cn/gxsj/tjfx/txy/art/2020/art_7e3e7e3305f44eb59ba7ec18ecead9a4.html.

2. 工信部运行监测协调局. 工信部发布2018年通信业统计公报[R/OL]. https://wap.miit.gov.cn/gxsj/tjfx/txy/art/2020/art_f9b061284a1646498f135584d8f78757.html.

3.2.2 我国移动技术和网络速度的发展

1. 移动技术

如图3.12所示,2011—2021年我国互联网宽带接入用户、移动电话用户数量逐年增加,而固定电话用户数量逐年下降。互联网的快速发展使得宽带接入用户数量快速增加,接近移动电话用户数量,而移动电话用户数量趋于平稳。

2. 网络速度

如图3.13所示,2021年我国31个省(自治区、直辖市)中,天津市宽带网络下载速度最快,宽带网络下载速度为145.17Mbps,第二、第三位分别为宁夏回族自治区、河南省,宽带网络下载速度分别为125.66Mbps与122.04Mbps。宽带网络下载速度最慢的三个省市分别是福建省、云南省和重庆市,宽带网络下载速

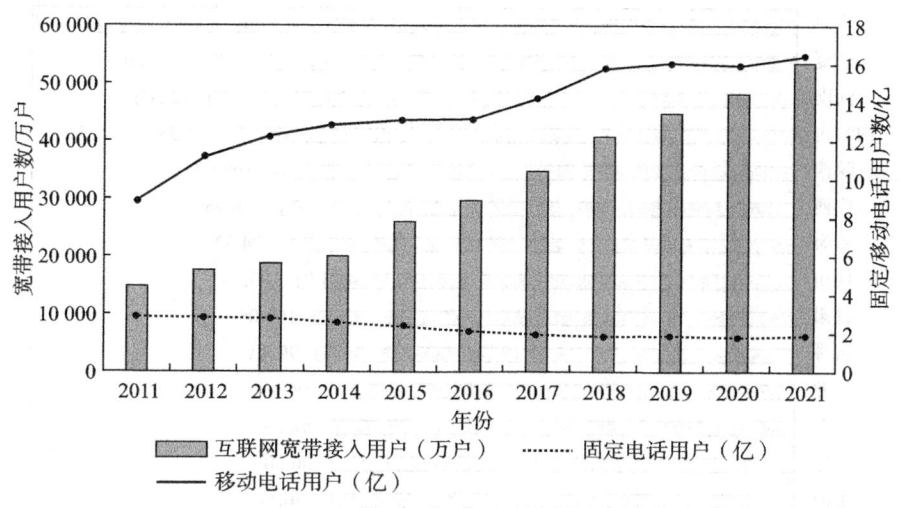

图 3.12 我国信息订阅情况

数据来源：国家统计局. 中国统计年鉴（2012—2022）[M]. 北京：中国统计出版社.

度分别为 94.49Mbps、94.40Mbps 和 90.91Mbps。从图 3.13 中可以看出，我国 31 个省（自治区、直辖市）宽带网络下载速度大多稳定在 95～100Mbps，但宽带网络下载速度最快的天津市比宽带网络下载速度最慢的重庆市快约 59%，宽带网络下载速度差距明显。

如图 3.14 所示，我国 31 个省（自治区、直辖市）中，北京市 4G 网络下载速度最快，下载速度为 43.06Mbps，第二、第三位分别为福建省、江苏省，宽带网络下载速度分别为 39.08Mbps 和 37.48Mbps。宽带网络下载速度最慢的三个省市分别是四川省、贵州省和重庆市，下载速度分别为 25.69Mbps、23.42Mbps 和 22.16Mbps。从图 3.14 中可以看出，我国 31 省份 4G 网络下载速度大多稳定在 25～35Mbps，但 4G 网络下载速度最快的北京市比 4G 网络下载速度最慢的重庆市快约一倍，4G 网络下载速度差距明显。

如图 3.15 所示，在 5G 网络下载速度排名中，甘肃省下载速度最快，为 275.02Mbps，5G 网络下载速度最慢的依旧为重庆市，为 126.38Mbps，甘肃省下载速度比重庆市快一倍以上。其他大多数省份的 5G 网络下载速度一般在 200～270Mbps。重庆市的宽带网络、4G 网络和 5G 网络亟待改善，以提高网络下载速度。

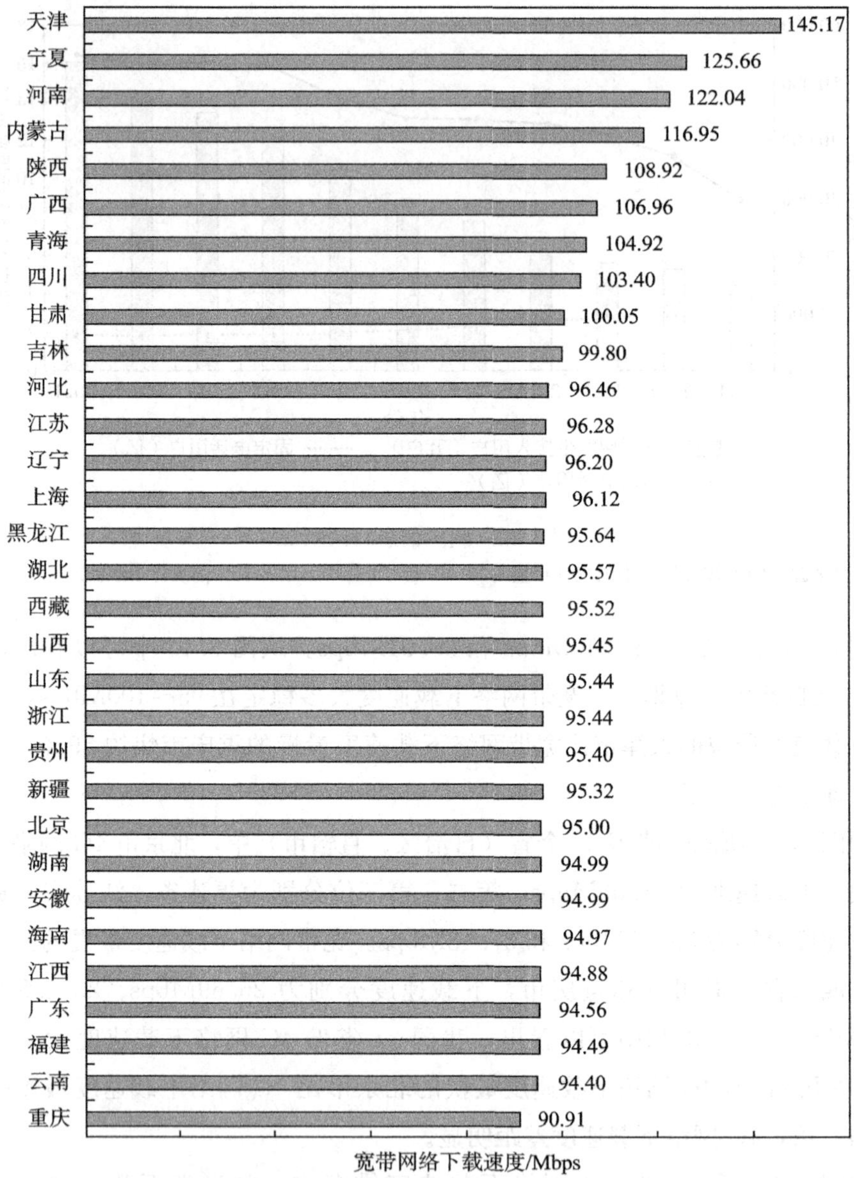

省份	宽带网络下载速度/Mbps
天津	145.17
宁夏	125.66
河南	122.04
内蒙古	116.95
陕西	108.92
广西	106.96
青海	104.92
四川	103.40
甘肃	100.05
吉林	99.80
河北	96.46
江苏	96.28
辽宁	96.20
上海	96.12
黑龙江	95.64
湖北	95.57
西藏	95.52
山西	95.45
山东	95.44
浙江	95.44
贵州	95.40
新疆	95.32
北京	95.00
湖南	94.99
安徽	94.99
海南	94.97
江西	94.88
广东	94.56
福建	94.49
云南	94.40
重庆	90.91

图 3.13 2021年各省（自治区、直辖市）宽带网络下载速度排名

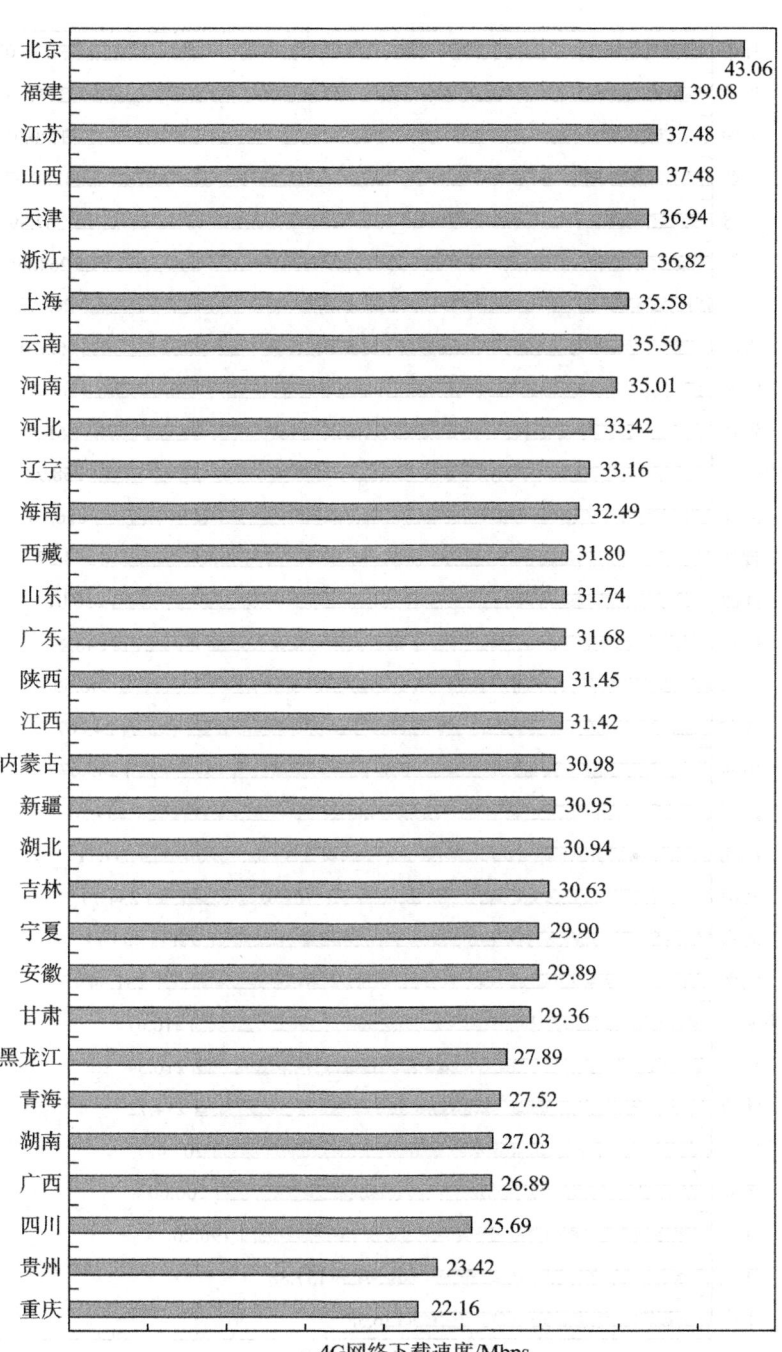

图 3.14 2021 年各省（自治区、直辖市）4G 网络下载速度排名

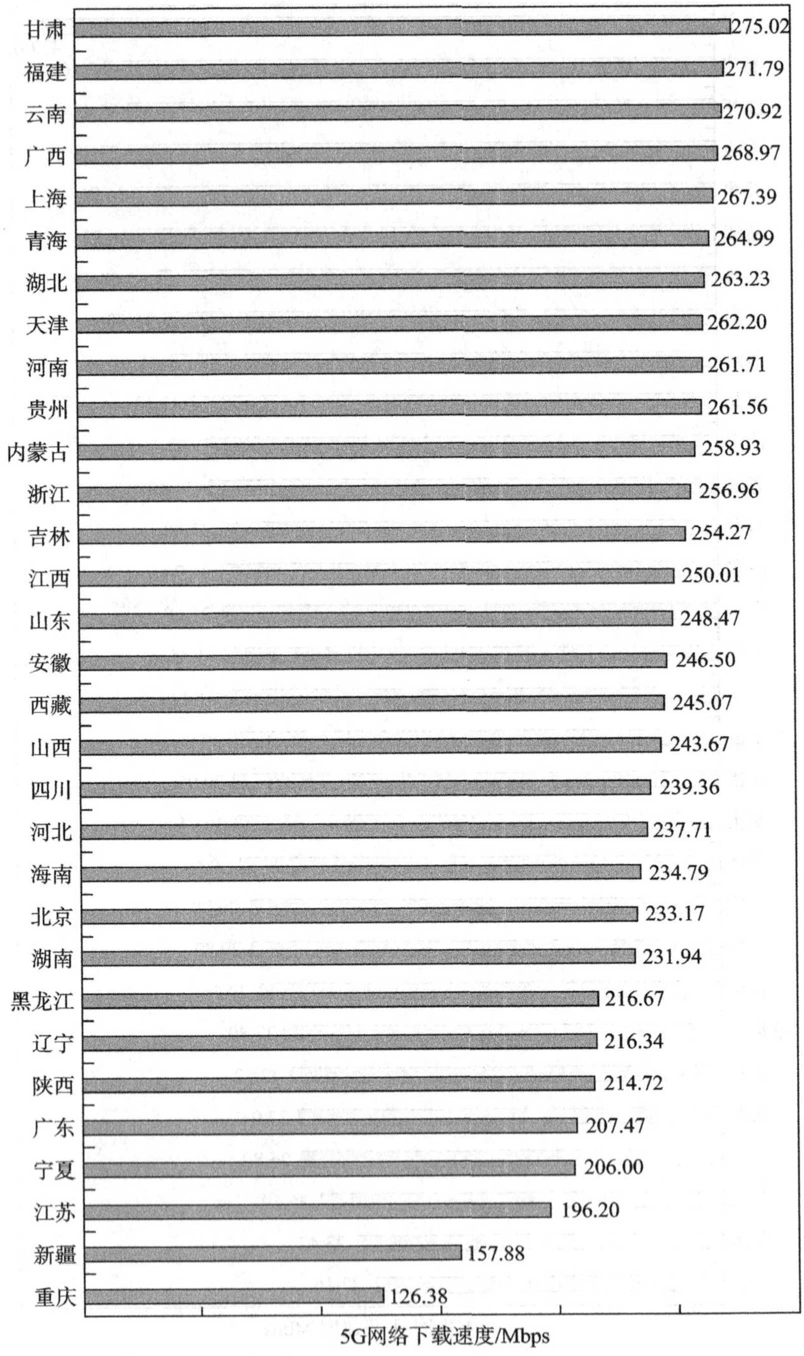

图 3.15 2021年各省（自治区、直辖市）5G网络下载速度排名

3.3 国际应对数字不平等的行动

3.3.1 数字服务基础设施建设

英国在 2017 年颁布了《数字发展战略》。《数字发展战略》的重点是通过数字化提升政府服务的效率和质量，让英国公民能够更加平等地享受便捷、快速的政府服务。英国不仅加快了全国千兆宽带的建设，而且开始实施 5G 多元化战略，预计到 2027 年英国绝大多数公民能够使用 5G 网络。欧盟在 2018 年创立了"数字欧洲"项目，计划向此项目投资 92 亿欧元，以保障欧洲能够建立各种网络基础设施。此外，欧盟在 2021 年发布《2030 年数字指南针：数字十年的欧洲之路》，预计 2030 年，欧盟家庭都能使用上千兆网络，居民区都能够被 5G 网络覆盖，以缩小数字不平等。德国在 2016 年发布了"数字战略 2025"，此战略重点是建设基础设施与设备、培养公民数字技能和数字人才，以弥补数字基础设施的不足，改善数字不平等。此外，德国还颁布了"灰点资助计划"，以资助千兆网络宽带的部署。

美国于 1995 年向国家电信与信息管理局（NTIA）提出了一项关于 ICT 和互联网应用的调查，该调查被称为"网络坠落"。该调查的实施为《1996 年美国电信法案》的颁布打下了良好的基础，特别是对电信业务的推广起到了积极作用。《1996 年美国电信法案》提出，必须为每个人提供可承受范围内的通信服务。上述法案也特别规定：在农村地区和对于低收入群体，电话费用要降低；不仅要为学生与图书馆提供基础网络服务，而且要提供高速网络服务及价格优惠；对远程医疗提供的高速宽带网络服务收取合理的费用。《1996 年美国电信法案》与美国联邦通信委员会（Federal Communications Commission，FCC）发展了普遍电信服务，承认电信服务水平会不断发展，普遍服务的原则可能要随之改变。

美国在 2010 年公布了《连接美国：国家宽带计划》。为实现"创造一个高性能美国"的建设发展目标，该计划提出了 6 个至 2020 年的发展目标：第一，使美国一亿户家庭可以同时拥有 50Mbps 的宽带上传速率及 100Mbps 的宽带下载速率；第二，建设全球最快、覆盖范围最大的无线移动通信网络；第三，为每个人提供可承受范围内的宽带网络服务；第四，通过建设基础宽带设施，保证学校、医院与政府的宽带网络速率达到 1000Mbps；第五，保证公共宽带网络的安全；第六，实时记录宽带网络消耗。美国联邦通信委员会提议将宽带网络接入与采用纳入普遍服务项目，该提议于 2011 年被采纳。

农村的宽带网络基础设施相对于城市来说是比较落后的，且数字服务比较缺乏。提供宽带网络服务的运营商对经济发达地区存在偏好，因为经济发达地区人口密度大，在该地区进行宽带网络基础设施建设可以得到高回报。反观经济落后地区，由于人口密度小，进行宽带网络基础设施建设的回报较低，因此该地区只能依靠速率慢、连接不稳定的宽带网络连接。为缩小城乡差距，弥合宽带网络鸿沟，美国加大了农村基础设施建设的力度，对农村实行政策倾斜，在 2015—2019 年将政府工作的重心转移到农村。美国在 2015 年制定了一项"网络中立"政策，并将宽带网络接入列为"电信服务"。这种做法被视为对市场经济的一种抑制，因为大部分电信业务被少数的几家公司所掌控。美国于 2017 年取消了这一政策，除此之外还采取了一系列管理措施，以吸引更多资本，鼓励更多竞争，促进农村的宽带网络基础设施建设。除了财政资金上的支持之外，美国还在一定程度上减少或消除了对电信公司的管制壁垒，使电信公司能够快速发展。然而，市场失灵的风险依然存在，对极端偏远地区的基础设施投入、未来技术持续发展导致的电信公司的增加和需要政府资金投入的增加都对美国政府采取的行动提出了新的要求。

3.3.2 公民数字素养的培养

欧盟在 2020 年发布了《数字教育行动计划（2021—2027）》，该计划的重点是加强高效数字教育生态系统的发展，培养欧盟公民数字化技能和转型能力。

为发展高效数字教育生态系统，欧盟着力促进远程与线上同步的混合教育模式，同时帮助成员国购买数字设备、建立电子学习平台。为培养数字化技能和转型能力，欧盟要求成员国从小培养学生的基本数字能力和数字素养，并对教师和教育人员进行培训。德国发布的"数字战略 2025"将数字化教育引入教育体系，预计至 2025 年，使每一名学生都拥有信息科学、算法和计算机编程等方面的基础知识。德国也在职业教育学校和高等院校增加了数字化课程，争取让学生在数字化社会中能够更好地展现自己，以缩小数字不平等造成的不良影响。

美国在国民数字素养的培育方面也做了不少工作。美国的数字素养工程与其国家宽带计划同步实施，计划投入资金一亿美元，建立一个用于支持社区和图书馆的在线技术门户网站。美国还实行了教育技术计划（NETP），该计划最初每五年左右更新一次（表3.1）。1996年美国的教育技术计划着重于通过教育信息化基础设施、教师数字技能培训及网络学习资源建设让美国学生接受数字教育。美国2000年的教育技术计划提出，要重视数字基础设施的运用及教师数字技能培训的质量。美国2004年的教育技术计划提出，要重视美国学生的学习与发展质量。美国在2010年颁布了《变革美国教育：技术推动的学习》计划，指出技术教育的重点为全球网络化、终身学习和个性化学习。2016年的教育技术计划更加注重公平，希望每个学生都有机会参加到此次的教育变革之中。2016年的计划主要从六个方面展开：第一，对过去单一的技术教学进行改革，支持各学科课程教学使用数字信息技术；第二，确立技术在学校内外的公平利用；第三，采用新颖、优质的教学资料；第四，在教育机构中推行无障碍原则；第五，改善技术评价体系；第六，建设未来拥有可扩展性的宽带网络基础设施架构。美国政府2017年的教育技术计划为《重新想象技术在教育中的角色》，旨在通过技术项目的开发和技术的合理使用促进教育的发展。为解决学校和图书馆的互联网宽带接入问题，美国政府颁布了通用服务支持计划，目前已投入几十亿美元用于学校与图书馆的互联网宽带高速无线接入。

表3.1 美国教育技术计划（NETP）

年份	名称
1996	Getting America's Students Ready for the 21st Century：Meeting the Technology Literacy Challenge 使美国学生做好进入21世纪的准备：迎接技术素养的挑战
2000	e-Learning：Putting a World-Class Education at the Fingertips of All Children 数字化学习：让所有的孩子随时随地都能得到世界一流的教育
2004	Toward a New Golden Age in American Education：How the Internet，the Law and Today's Students are Revolutionizing Expectation 走向美国教育的黄金时代：网络、法律和今天的学生如何彻底改变人们的期望
2010	Transforming American Education Learning Powered by Technology 变革美国教育：技术推动的学习
2016	Future Ready Learning Reimagining the Role of Technology in Education 为未来做准备的学习：重塑技术在教育中的角色
2017	Reimagining the Role of Technology in Education 重新想象技术在教育中的角色

3.3.3 社区技术中心

技术教育的核心是全球网络化、终身学习和个性化学习。除了数字素养工程、教育技术计划外，美国还采取了其他措施。美国联邦中心的其他组织发布了社区技术中心（Community Technology Center，CTC）计划，该计划主体是社区和非营利机构，旨在帮助缩小美国的数字鸿沟。CTC建立在社区的基础上，旨在为贫困、弱势群体提供计算机服务与培训。美国在针对CTC服务使用者进行的一项调查中发现，CTC对培养使用者的数字素养与获得工作机会有显著的正向作用，这种组织形式可以为城市低收入社区提供技术来源。尽管CTC在缩小数字鸿沟方面有很大潜力，但其无法解决数字鸿沟问题，困难来自资金与人力，而解决资金与人力问题又带来腐败的可能。

3.4 我国应对数字不平等的行动与成效

3.4.1 我国应对数字不平等的行动

为了弥合数字鸿沟，2006年我国发布了《2006—2020年国家信息化发展战略》（表3.2）。

表3.2 《2006—2020年国家信息化发展战略》重点

重点	内容
加速国家信息化建设	(1) 提供面向"三农"的信息化服务 (2) 运用信息技术对传统产业进行升级 (3) 加快服务业信息化建设
加强政府信息化建设	(1) 利用信息技术改善公共服务 (2) 利用信息技术加强社会管理 (3) 利用信息技术强化综合监管
加强网络文化建设	(1) 在网络上积极传播先进的社会主义文化 (2) 加强互联网对外宣传和文化交流，提高我国的国际影响力 (3) 积极建设健康的网络文化

续表

重点	内容
加速社会的信息化进程	(1) 加快教育信息化建设，促进教育均衡发展 (2) 加快医疗卫生信息化建设，支持医疗体制改革 (3) 加快社区信息化建设，改善社区服务
加快基础设施建设	(1) 推动网络融合，实现向下一代网络的转型 (2) 建立健全普遍服务制度
提高信息资源使用效率	(1) 建立健全信息资源开发利用体系，提高信息资源利用率 (2) 加强社会信息资源管理，促进信息资源优化配置
增强我国信息领域的竞争力	(1) 利用信息技术突破核心技术与关键技术，推进创新型国家建设 (2) 建设具备核心竞争力的信息产业
加快建设信息系统	(1) 全面加强国家信息安全保障体系建设，实现信息化与信息安全协调发展 (2) 提高我国信息安全保障能力
提高国民的数字素养，建设信息化人才队伍	(1) 提高国民的数字素养，提高国民受教育水平与信息利用能力 (2) 培养信息化人才，鼓励各类专业人才掌握信息技术，培养复合型人才

我国制定了国家信息化规划，该规划每五年更新一次。"十三五"和"十四五"国家信息化规划都将建设先进的信息基础设施作为重大任务与重点工程，见表3.3。

表3.3 "十三五"和"十四五"国家信息化规划建设的重点

重点	内容
建设泛在先进的信息基础设施体系（"十三五"国家信息化规划）	(1) 加快高速宽带网络建设 (2) 建设陆海空一体化信息基础设施 (3) 统筹应用基础设施建设和频谱资源配置 (4) 加快农村及偏远地区网络覆盖
建设泛在智联的数字基础设施体系（"十四五"国家信息化规划）	(1) 建设泛在智能的网络连接设施 (2) 建设物联数通的新型感知基础设施 (3) 构建云网融合的新型算力设施 (4) 探索建设前沿信息基础设施

2013年我国制定了"宽带中国"战略及其发展时间表，见表3.4。该战略的主要目的是解决基础设施定位模糊、区域与城乡资源配置不平衡、互联网服务内容有待拓展、技术创新能力不强和发展环境有待优化等问题。促进区域宽带网络的协调发展也是该战略的重要内容之一。该战略提出，东部地区是经济比较发达

的区域,应优先升级东部地区的宽带网络,提升该地区宽带网络应用创新能力;中、西部地区经济相对落后,在政策上应该给予适当倾斜,要大力扶持中、西部地区的宽带网络建设,并不断拓宽其覆盖面;在农村,要把宽带纳入电信业务范畴,着重解决农村宽带的覆盖问题。

表 3.4 "宽带中国"战略发展时间表

发展阶段	重点目标
全面提速阶段 (至 2013 年年底)	(1) 加强光纤网络和 3G 网络建设 (2) 提高宽带网络接入速率 (3) 改善和提升用户上网体验
推广普及阶段 (2014—2015 年)	(1) 持续推进宽带网络提速 (2) 扩大宽带网络覆盖范围和规模 (3) 深化互联网应用普及
优化升级阶段 (2016—2020 年)	(1) 推进宽带网络优化和技术演进升级 (2) 宽带网络服务质量、应用水平和宽带产业支撑能力达到世界先进水平

我国电信普遍服务试点工作在 2016 年启动,计划在互联网建设方面投资数百亿元,工作的重点放在农村及偏远地区的互联网基础设施建设方面。为缓解城乡互联网发展差异,缩小城乡数字鸿沟,我国在 2019 年发布了《数字乡村发展战略纲要》,把数字中国建设的重点转移到数字乡村的建设。我国针对数字化发展制定的主要政策及目标见表 3.5。

为提高国民的数字素养,我国将信息技术课程纳入基础教育必修课,信息技术课程成为我国基础教育的重要组成部分。2012 年,教育部启动《教学点数字教育资源全覆盖》项目,截止到 2015 年该项目为全国 76.5% 的农村学校配备了互联网硬件设备,保障农村与偏远地区的学生享有优质教育资源。目前,我国各省份、城乡教师数字技能培训、资金来源等方面还存在一定差距。

表 3.5 我国针对数字化发展制定的主要政策

政策文件	目标
《2006—2020 年国家信息化 发展战略》(2006 年)	(1) 促进经济增长方式的根本转变 (2) 实现信息技术自主创新、信息产业发展的跨越 (3) 提升网络普及水平、信息资源开发利用水平和信息安全保障水平 (4) 增强政府公共服务能力、社会主义先进文化传播能力、中国特色的军事变革能力和国民信息技术应用能力

续表

政策文件	目标
《"宽带中国"战略》（2013年）	（1）2015年，初步建成适应经济社会发展需要的下一代国家信息基础设施 （2）2020年，我国宽带网络基础设施发展水平与发达国家之间的差距大幅缩小，国民充分享受宽带带来的经济增长、服务便利和发展机遇
《关于向民间资本开放宽带接入市场的通告》（2014年）	（1）促进宽带网络基础设施发展和宽带业务市场竞争 （2）提升宽带业务创新能力和服务水平 （3）探索宽带接入业务发展模式
《2016年度电信普遍服务试点申报指南》（2015年）	（1）推动农村及偏远地区宽带建设发展 （2）促进城乡基本公共服务均等化 （3）带动农村经济社会和信息化水平不断提升
《数字乡村发展战略纲要》（2019年）	（1）2020年，全国行政村4G覆盖率超过98%，农村互联网普及率明显提升 （2）2025年，乡村4G深化普及、5G创新应用，城乡数字鸿沟明显缩小 （3）2035年，城乡数字鸿沟大幅缩小，农民数字化素养显著提升

3.4.2 我国应对数字不平等的成效与不足

至2022年，我国数字基础设施完成了跨越式发展，数字化发展更加均衡。2022年，我国建成了全球最大的光纤和移动宽带网络。到2021年年底，我国的5G基站已有142.5万个，有3.55亿5G用户。300多个城市开始建设千兆光纤宽带，已有3456万千兆网络用户。农村与城市达到"同网同速"，宽带接通率在行政村、脱贫村达到100%，行政村光纤、4G覆盖率超过99%，有效缩小了数字鸿沟，改善了数字不平等状况。

我国的数字社会服务更加普惠便捷。到2021年年底，我国已有10.32亿网民，全国互联网普及率达到73%，农村地区互联网普及率达到57.6%，城乡间的互联网差异显著缩小。我国所有中小学已全部接入互联网，智慧教育平台建设成效显著。我国积极开展了互联网适老化及无障碍改造行动。此外，我国还持续推进网络扶贫和农村数字建设，使城乡居民共享数字化发展成果。

我国应对数字不平等的行动取得了极大的成效，但是在解决数字不平等引起的社会问题及数字不平等治理体系建设方面还有很大的提升空间。

第一，对因数字不平等引起的社会问题有待进一步加强认识。目前的治理政策将数字接入、数字技能作为独立的问题对待。互联网是一项在人们的生活中广泛运用的技术，它自身也存在一个问题——是否对人类有益。正面和负面的辩论持续了几十年，但这些讨论忽略了互联网作为一项技术的本质。所以，在很长一段时间里，互联网技术未被纳入数字不平等的研究。如果人们只意识到技能的等级，没有认识到互联网技术是远超一般技术的存在，会对个人的实际生活产生一定的影响，错失发展的机会。教育公平、政治参与、经济获取是数字技术运用在社会层面的表现，而提高收入、解决教育等不平等问题往往依赖于技术变革和数字技术措施，也会受到数字不平等的挑战。数字不平等应该在治理行动中受到重视，对数字不平等和数字技能应用能力之间的关系有一个深刻的认识，才能真正意识到弥合数字不平等的重要性。

第二，应对数字不平等的治理体系有待进一步完善。当前的数字不平等治理体系缺乏对弱势人群（如残疾人、农村居民和妇女）的扶助措施，边远、农村地区没有得到持续的重视。这些地区和人群无法接入互联网，缺乏数字技能，不利于全民数字素质的提高。不管是弱势人群的数字技能的培养，还是针对新的技术问题采取相应措施，都必须构建健全的治理体系。

第4章 数字不平等的理论基础与形成机理

本章主要从信息不对称理论、人力资本理论、知识溢出理论及机会平等理论四个角度对数字不平等的理论基础进行探究，并对数字不平等的形成机理进行分析。

4.1 信息不对称理论

由于存在信息不对称，数字信息服务的提供者与接收者存在着信息量的差异，这种差异将直接影响双方的成本与收益。信息不对称理论最早发端于古典经济学中的完全信息假设。在传统经济学中，假设市场的交易双方是具备完全信息的，即对于交易标的物的数量、质量、用途、成本及中间费用，交易双方都有着清晰的了解。由实际情况可知，这种假设在市场中很难存在。20世纪70年代，乔治·阿克洛夫（George Akerlof）推出了著名的不完全信息理论巨著《柠檬市场：质量的不确定性和市场机制》，该书的出版意味着信息不对称理论进入经济学的研究视野。在此之后，斯彭斯（Spence）[1]、斯蒂格利茨（Stiglitz）[2]、莫里斯（Mirrlees）[3]等经济学学者在激励设计、中间委托代理及逆向选择等多个领域开展了信息不对称理论的研究。20世纪末，有关市场信息理论的研究衍生出了信息经济学这一新的经济学学科，为传统经济学中的完全信息假设提供了新的补充。

信息不对称理论认为传统经济学中的完全信息假设只是一种完美市场下的完

---

[1] SPENCE M. Job market signaling [J]. The quarterly Journal of Economics, 1973, 87 (3): 355-374.

[2] STIGLITZ J E, WEISS A. Credit rationing in markets with rationing credit information imperfect [J]. The American Economic Review, 1981, 71 (3): 393-410.

[3] MIRRLEES J A. Information and incentives: the economics of carrots and sticks [J]. The Economic Journal, 1997, 107 (444): 1311-1329.

美假设,在实际的市场交易中,交易双方拥有的信息是不完全的,并且这种不完全不是均衡分布的,很多时候交易双方的信息拥有量处于完全不对等的状态,一些市场参与者比其他参与者拥有更多的信息。[1] 信息不对称直接的后果是市场失灵,这种市场失灵是由逆向选择与道德风险造成的。在信息不对称的市场下,高市场信息量拥有者会向低市场信息量拥有者传递信息,证明自己的产品质量,如企业进行广告宣传,以吸引消费者。低信息量拥有者也会对所接收的信息进行界别与相关的处理。这两种过程都会损耗成本,但这种损耗可以减少市场失灵带来的风险。信息不对称理论通常包括以下三个部分。

4.1.1 公共信息与私人信息

信息大体上可以分为两类,即公共信息与私人信息。公共信息是所有参与者均熟知的信息,如法律法规、规章制度及契约等;私人信息是交易一方不了解,但另一方所掌握的信息,如个人喜好、个人策略及个人状态和能力等。这两种信息的状态并不是绝对的,公共信息与私人信息可以经过传播相互转化,如图4.1所示。假设某个特定国家或地区有法律禁止制造和销售假冒奢侈品牌的手袋。该法律是公开信息。然而,一些消费者可能并不了解这项法律。利用这种信息的缺乏,某些生产商继续制造和销售假冒品牌手袋,对毫无戒心的消费者造成伤害。在这种情况下,禁止制售假冒商品的法律对生产商来说就像是私人信息,他们知道自己的行为是非法的,但是部分消费者不了解购买假冒产品的相关法律和风险。然而,随着关于假冒商品盛行和相关问题的消息在消费者中传播开来,这些信息逐渐公开。了解了生产者行为的消费者开始与他人分享相关信息,警告他们假冒产品的存在及其潜在后果。结果,信息从私有(仅生产者知道)转变为公开(消费者知道并传播)。

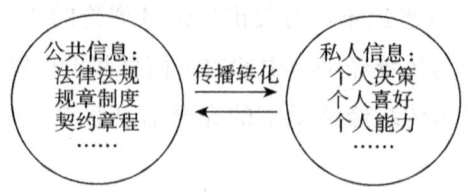

图4.1 公共信息与私人信息

---

[1] POPE P F. Information asymmetries in participative budgeting: a bargaining approach [J]. Journal of Business Finance & Accounting, 1984, 11 (1): 1468-1479.

私人信息的拥有者可以使自身处于优势地位，利用自己的信息优势在市场中获取利润，虽然有时候私人信息会对拥有者造成损害，但从整体上看私人信息对个人利大于弊。从社会角度讲，私人信息将提高信息的获取成本，导致交易低效，因此政府需要将必要的私有信息公有化，如上市公司必须披露其财务信息，以保护投资者的利益。

私人信息可以以交易签订时点为界，划分为隐蔽特征与隐蔽行为两类。如图 4.2 所示，隐蔽特征是在交易前就存在的信息，是对过去状态的一种描述，如雇员的工作能力与以往的职场表现。隐蔽行为发生在交易签订之后，如签订合同后，生产者是否存在以次充好的行为。隐蔽行为通常指无法观察的未来情况。要使市场达到信息对称，需要进行必要的信息传递与信息鉴别。

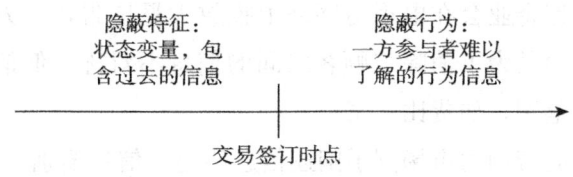

图 4.2 信息不对称理论的隐蔽特征与隐蔽行为

4.1.2 逆向选择与道德风险

逆向选择指的是在同一市场中，买卖双方对所交易的商品质量这一私有信息了解程度不同（通常来说卖方掌握更多信息），在这种不平等的状态下，被交易的商品通常是低品质的，而品质较高的商品会被迫退出市场，出现了劣品驱逐良品的情形❶。这种信息不对称的情形会出现在二手市场，并扩散到相关产品市场及要素市场。

道德风险指的是在信息不对称的市场中，当交易发生后，市场参与者为追求最大化利益，做出不利于其他市场参与者的行为现象。道德风险具有内生性、牵

---

❶ 在《柠檬市场：质量的不确定性和市场机制》一书中有这样一个例子：假设在二手车市场，车的质量均匀分布，最坏的车售价 1 元，最好的车售价 1000 元，共有 1000 辆车，由于二手车市场存在信息不对称，买主只愿意以均价 500 元购买，对于质量低于 500 元的"柠檬"们来说还有很大的利润空间，但是那些质量高于 500 元的上等旧车就会慢慢退出市场。接下来的演绎是，由于质量高于 500 元的上等旧车退出市场，买者会继续降低估价。在剩余的 500 辆车中，买家知道这些车的平均价值是 250 元，因此只愿意出 250 元，这样质量高于 250 元的次上等车也会退出市场，市场上仅剩下"柠檬"。如此循环，最终的结果是交易不成功，市场瓦解。这个过程称为"逆向选择"。

引性与损人利己三大特征，在保险交易中经常出现。例如，一个人购买了汽车保险，他并不会更加谨慎地驾驶车辆，甚至不会像未购买保险时那样谨慎地驾驶车辆，因为在保险交易之前他的行为后果的承担方只有自己，但在保险交易后，其行为后果承担方加入了保险公司，在机会主义的驱使下，驾车者放松了安全警惕，车祸事故的发生率提高了。通常而言，逆向选择存在于隐蔽特征中，而道德风险存在于隐蔽行为中。

4.1.3 信息传递与信息鉴别

为了达成交易，高信息量拥有者会选择向低信息量拥有者传递相关信号。例如，金融企业会选择商业街上租金较高及装修豪华的门店，是为了向顾客展示自己的实力；食品零售企业会在电视与网络上投放大量广告，一方面是为了给顾客留下印象，另一方面是为了消除与顾客之间的信息不对称。低信息量拥有者会对所接收的信息进行鉴别，如货比三家。

可以用斯彭斯的劳动力市场例子阐述信息传递与信息鉴别。在劳动力市场中，雇员的能力与素质是私有信息，雇主难以掌握全面的信息，因此雇主只能给出市场的平均工资吸引雇员，这样具有高技术水平的雇员便不会应聘，从而退出市场，雇主只能选择低技术水平的雇员，这就符合信息不对称市场中的逆向选择特征。当然，雇员可以向雇主提供更多的信息，如自身的就业经历、学历证书及相关的资格证书。雇主会对雇员提供的信息进行鉴别，选择合适的人选。

斯彭斯信号传递模型如图 4.3 所示，其中低技术水平雇员的教育成本为 $y=x$，高技术水平雇员的教育成本为 $y=\frac{1}{2}x$，横轴表示教育程度，纵轴表示成本（如教育成本与工资成本）。对雇主的决策进行研究。假定雇主认为雇员需要达到特定教育程度才可以得到特定报酬，如雇主认为教育程度达到 x^* 的雇员可以获得 w_2 的工资水平，低于 x^* 的雇员只能获得 w_1 的工资水平。现在考虑雇员的选择。假设低学历的雇员会选择 $x=0$ 的教育程度，即不接受教育，其获得的收益为 a；如果低技术者选择 x^* 的教育程度，其获得的收益为 b。可知，$a>b$，因此低技术者并不会进行高程度的教育。高技术者选择 x^* 的教育程度时，其会获得收益 c，$c>b$，此时高技术者一定会选择达到 x^* 的教育程度。

当然，不同类型的技术者进行教育程度选择时会参考 x^* 的状态，当 $x^*<1$ 时，低技术者也可以达到，并且低技术者可以获得更高的收益 w_2。同样，高技术

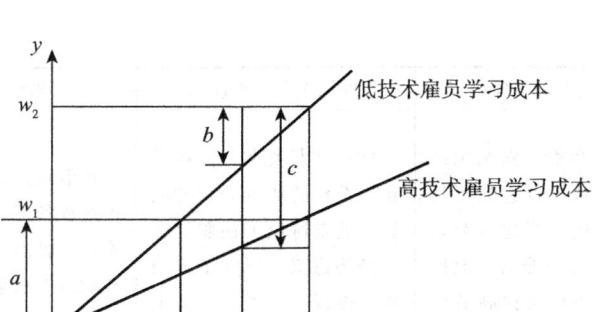

图 4.3 斯彭斯信号传递模型

者也会选择 x^* 的教育程度，于是低技术者与高技术者都会选择 x^* 的教育程度，出现了高端混同均衡。同样，也有低端混同均衡，此时 $x^*>2$，没有人可以达到特定的教育程度。

4.2 人力资本理论

不同的群体年龄、性别、教育程度等存在差异，这种差异也体现在数字信息发展中，群体差异是人力资本的重要体现。人力资本理论从经济学中脱胎，人力资本指的是对人的教育、职业培训及人在接受教育培训时产生的机会成本的综合成本。要注意的是，这种教育既包括身体训练，如更熟练的技术、更灵活的操作，也包括对劳动者的思想教育，如更明确的时间观念等。人力资本理论发展历史较长，其演进过程见表 4.1，具体可以分为早期人力资本理论、现代人力资本理论及当代人力资本理论三个阶段。

表 4.1 人力资本理论演进过程

发展阶段	早期人力资本理论	现代人力资本理论	当代人力资本理论
研究者及其观点	亚当·斯密：劳动力是经济增长和社会进步的主要推动力量，一个国家的全体国民通过后天教育收获的能力和经验都理所应当被当作资本的一部分，工人劳动效率提高，可以减少自身的劳动耗费	舒尔茨：人力资本要素是经济增长和社会进步的最终决定性因素。一个国家的人力资本存量越大、人力资本集聚度越高、受教育程度和科技水平越高，劳动生产能力越强，其国内的人均产出或劳动生产率就越高	罗默：将知识当作一个独立的变量纳入经济增长模型，并特别强调了知识在经济增长中的重要性

续表

发展阶段	早期人力资本理论	现代人力资本理论	当代人力资本理论
研究者及其观点	约翰·穆勒：强调国民财富的组成不仅包括工具和机器，还应当包括劳动者获得的劳动能力。他提出，教育支出会提高劳动者的各种能力	加里·贝克尔：分析了正规教育的成本和收益问题，重点讨论了在职培训的经济意义，研究了人力资本投资与个人收入分配的关系	卢卡斯：劳动者不仅可以在生产过程和正规教育中积累人力资本，其脱离生产、从非正规的学校教育中积累的人力资本对经济增长同样可以产生重要作用

早期的人力资本理论研究主要集中于亚当·斯密、约翰·穆勒等古典经济学家，他们在各自的著作中或多或少提出了人力资本的相关理论，虽然没有进行明确的概念界定与系统的论述，但对后世的人力资本相关研究起到了启发与引导的作用。到了现代，人力资本理论通过舒尔茨及贝克尔的研究逐渐完善。舒尔茨是公认的人力资本理论的创始人之一，他对人力资本理论进行了系统的阐释，为罗默、卢卡斯等的研究奠定了基础。下文将详细介绍人力资本的相关理念与研究成果。

4.2.1　舒尔茨的人力资本理论

舒尔茨（Schultz）被誉为"人力资本理论之父"，20世纪60年代，他先后发表了《人力资本投资》[1]演讲和《教育与经济增长》[2]一文，推开了人力资本研究的大门。在古典经济学中，经济学家通常会避开人力资本这一问题的讨论，其中一个重要的原因是，如果将人视为可以投资并且获得财富，这一观点将物化人类，与古典时期追求自由与解放的思想相违背，将劳动力看作人的同质体则可以很好地进行边际分析。舒尔茨大胆创新，将人力资本运用于经济增长分析中，发现引起收入差别的重要因素是身体健康状况与接受的教育水平。他进一步分析认为，人力资本包含着劳动力的数量与质量，以及这些数量与质量表现出的劳动生产率的提升。为了更好地测度人力资本，他提出通过产出衡量人力资本，即将劳动收入作为衡量人力资本的指标。

---

[1] SCHULTZ T W. Investment in human capital [J]. American Economic Review, 1961, 51 (1)：1-17.
[2] SCHULTZ T W. Education and economic growth [M]. Cambridge, MA：Harvard University Press, 1961.

舒尔茨认为可以从劳动者的健康养护、相关行业的职业培训、官方的教育及教育阶段后期的学习四个方面提升人力资本。舒尔茨特别强调了官方教育的重要性，认为教育不仅包含学费等成本，也包含了因接受教育而无法从事劳动获得收入的机会成本。舒尔茨提出了提升人力资本的九条建议，如图4.4所示，这些建议对社会的发展产生了很大作用。

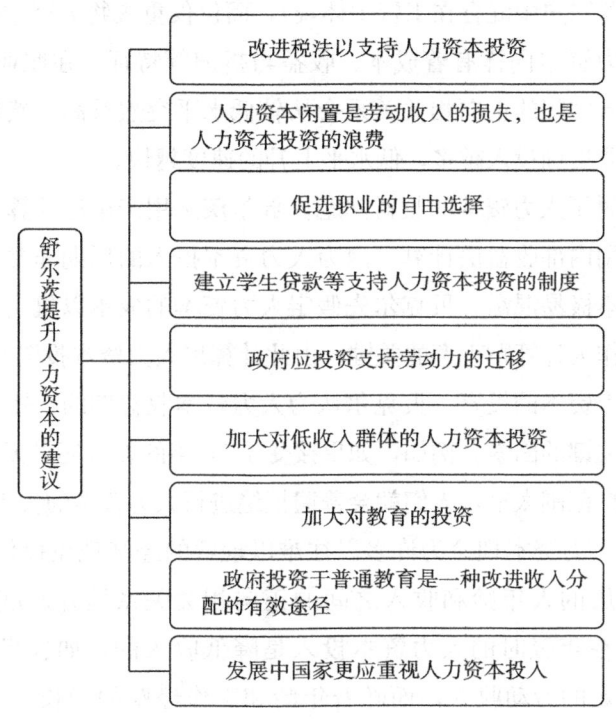

图 4.4　舒尔茨提升人力资本的建议

4.2.2　贝克尔的人力资本理论

在完全竞争的市场中，无论是产品市场还是要素市场，无论是企业、消费者还是劳动者，他们的目的均为追求自身利益的最大化。贝克尔认为，在劳动市场中，如果将职业教育纳入劳动市场的分析，各参与主体会基于利益最大化而作出抉择，均衡条件相较于之前一定会发生变化。当职业培训的费用及机会成本过大时，劳动者必然会减少培训的时间；但培训带来了劳动生产率的提升，企业会依据产出的提升激励劳动者参与职业培训。职业培训可以粗略地分为两类：一类是一般性培训，通过这种培训获得的技能是通用的，可以在大多数企业中使用；另一类是专业性培训，通过这种培训获得的技能只能在特定的企业或行业使用。对于一般的培训而言，劳动所得的收益会通过工资表现，而工资是完全归于劳动者的，所以劳动者需要承担所有的培训成本。对于专业的培训而言，这种培训只会提升本企业的劳动生产率，劳动者的市场回报是不变的，因此专业培训的成本需要企业承担。为了留住经过培训的人才，企业将给出高于市场价格的工资。以往的研究经常将人力资本的收入与投资混淆（在企业账户中混合在工资中体现），而仅仅重视物力资本的投入。在贝克尔的研究中，人力资本同样有着成本、收益与折旧等特征，在职业培训的参与中，劳动者年龄与收入之间的正向相关关系会从较低水平突然升高，然后上升速度会逐渐放缓，并且职业培训投入越多，低水平上升的速度越快。

贝克尔也探讨了人力资本的收益问题。舒尔茨运用产出法计算人力资本的收益率，而贝克尔采用内部收益法计算，因为人力资本投入的周期非常长，且在其计算过程中收入与成本极易混淆。贝克尔先假定人力资本的成本以机会成本为主，将人力资本的净收入作为计算贴现率的关键，由此计算出人力资本投资对收益率的影响。对于如何激励人力资本的投资，贝克尔认为人力资本收益期的长短及在不同投资间的高效转换是最关键的因素。例如，如果接受了10年的教育还是无法找到合适的工作，或者工作选择范围太窄，人们就会普遍拒绝进行人力资本的投入。

贝克尔运用人力资本理论为许多以往难以理解的经济现象提供了解释。例如，对于为什么高学历的人年龄和收入之间的正向相关关系提升速度会快于其他人，贝克尔认为人们在年轻时的人力资本投入是降低收入的，如选择了全日制大学，则代表失去了一定的劳动收入，而随着年龄和工作经验的增长，高学历者可以获得收入高的工作，其收入提高更快。这个解释在今天看起来十分平常且合理，但在20世纪人们普遍缺乏这样的认识。贝克尔还解释了美国作为劳动力稀缺的国家为什么可以一直出口劳动密集型的产品，他认为其中很重要的原因是美国在人力资本方面有着相对优势，更加重视人力资本投入，使得劳动密集型产业发展迅猛。

4.2.3 赫克曼的人力资本理论

赫克曼从微观层面考虑了人力资本理论，开创性地建立了生命周期的人力资本理论框架，在他的著作《人力资本政策》中详尽地体现了他的人力资本理论[1]。

---

[1] HECKMAN J J, CARNEIRO P. Human capital policy [J]. NBER Working Papers, 2003 (30): 79-100.

赫克曼从美国 20 世纪 80 年代的经济问题入手进行研究，他发现其中重要的症结是劳动力的质量提升问题，劳动力市场形成了两极分化趋势，低技能劳动者与高技能劳动者在市场中获得的工资、发展前景及地位等差距不断扩大，使得技能供给与技能需要不匹配，形成了结构性问题。各个经济学家针对当前的劳动力问题提出了人力资本相关建议，但赫克曼认为人力资本的建议是不缺乏的，关键是如何评估这些建议。赫克曼提出采用全生命周期的人力资本分析框架。生命周期教育收益如图 4.5 所示。人力资本的生命周期是一个动态延续的过程，前一阶段获得的技能会成为当期阶段的基础。从全局的角度看，人力资本的投入是家庭、学校和企业三者共同的投资。特别要注意的是，学前阶段的人力资本投资收益是最大的，人们普遍重视学校教育，但学前教育阶段是个人技能学习的关键期，许多技能需要从小培养，许多能力需要家长以身作则。在人力资本的投资中要综合考虑整个生命周期，并且人力资本的投入是滚动的过程，要注重前后期的相互配合。

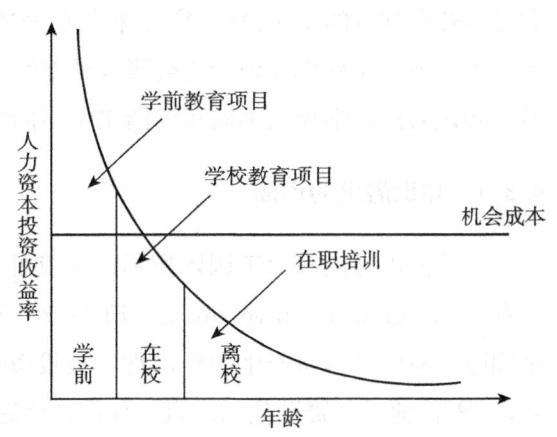

图 4.5　生命周期教育收益

赫克曼对人力资本理论的另一个贡献在于，他强调了非认知能力的重要性。人们普遍重视认知能力在人力资本中的表现，但非认知能力在人力资本生命周期中有着更好的延展性，它贯穿于生命周期全过程，无论是在家庭、学校还是工作中，非认知能力都起着重要的作用。相较于贝克尔重视机会成本，赫克曼对于人力资本投入的直接成本与税收成本给予了关注，他探究了短期信用约束与认知能力对教育结果的异质性影响、青年课外辅导成效、职业培训的效果及税收补贴的成果。赫克曼在人力资本理论中引入了数学研究，解决了许多构建体系的难题❶。

---

❶ HECKMAN J J, HUMPHRIES J E, VERAMENDI G. Returns to education: the causal effects of education on earnings, health and smoking [J]. The Journal of Political Economy, 2018, 126 (suppl 1): S197-S246.

4.3 知识溢出理论

数字信息获取能力可以以知识形式出现在各种载体中，进行一定程度的知识溢出可以有效减小信息不平等的鸿沟。知识溢出相关理论起源于溢出。马歇尔在《经济学原理》一书中指出，"溢出"其实就是经济活动中产生的外部性。❶ 许多古典经济学家比较认同马歇尔的定义。到了近代，一些经济学家将溢出定义为私人利益与社会利益的不一致性。❷ 虽然其在表述上存在不同，但可以认为溢出是一种无意识行为，这种无意识行为会形成外部性，造成个人利益与社会利益的不一致。对于知识溢出，学界从不同角度给出了不同的定义。

4.3.1 知识溢出的内涵

知识溢出理论起源于国际贸易。麦克杜格尔（MacDougall）在研究外国直接投资（foreign direct investment，FDI）对于被投资国的系列影响时发现知识溢出是国际贸易中母国所产生的外部性，被投资国利用知识溢出的外部性提升了生产效率。❸ 其他学者赞同他的观点，他们认为跨国公司在进行国际贸易时，其拥有的知识会无意识地被透露、被学习，如跨国公司的管理方式等，这种溢出并未经过交易，但被投资国可以通过这种外溢的知识获取收益。❹ 基于国际贸易，格罗斯曼（Grossman）给出了知识溢出的概念，他和其他合作学者认为：一种知识溢出是指企业不必通过市场交易却能获得外部信息（通常这种信息是其他企业所特有的）；另一种知识溢出是指，当其他企业的信息被知识溢出的受益方获取时，其他企业无法通过法律进行追索与获得赔偿。❺

有关于知识溢出的外部性与公共物品的性质可以追溯到艾罗（Arrow）在 20 世纪 60 年代提出的"干中学"模型，他认为，企业研发时产生的知识被企业外部

---

❶ MARSHALL A. Principles of economics [J]. London：Macmillan Press，1920.
❷ 宋承先. 现代西方经济学 [M]. 上海：复旦大学出版社，1997.
❸ MACDOUGALL D. The benefits and costs of private investment from abroad：a theoretical approach [J]. Economic Record，1960（36）：13-35.
❹ KOKKO A. Foreign direct investment，host country characteristics and spillovers [D]. Stockholm：Stockholm School of Economics，1992.
❺ GROSSMAN G M，HELPMAN E. Innovation and growth in the global economy [M]. Cambridge：MIT Press，1991.

的参与者获得但没有相关补偿时,知识溢出现象就出现了。[1] 在这之后,许多学者提出,当知识开始流动(不论这种流动是无意识的还是有意识的),社会收益高于个体收益时,这个过程便是知识溢出。知识溢出有着明显的公共产品属性,如果研发企业无法完全掌控自己拥有的知识,如企业离职员工将本企业的技术知识带到其他企业,这种知识就会为其他企业创造收益,这在一定程度上说明知识溢出表现出正的外部性。同样的,知识具有非排他性,一个企业获得了知识溢出的福利,并不影响其他企业通过这种知识获得福利。要强调的是,在此过程中研发企业或者部门并没有得到应有的补偿与报酬。

从学习的角度看,知识溢出是一种学习活动,如果接受者不进行学习并且创新加工,知识溢出效果就不存在,所以可以将知识溢出看作一种有意识的行为。[2] 接受者作为非创新者得到了创新的成果,研发者却并未从接受者方获得报酬,知识溢出就发生了。

综合上述不同角度的理论,可以得出以下结论:知识是具有外部性与非排他性的公共物品,如果企业对其所拥有的知识不能完全掌控,就可能存在知识溢出。知识溢出具有正的外部性,接受者可以通过外溢的知识创造价值。一些观点还处于争论之中,如知识溢出到底是有意识的还是无意识的。一种观点认为知识溢出的发出者是无意识的,因为没有企业愿意在不获取报酬的情况下分享知识,但也有部分企业存在着有意识的知识溢出,如为了更好地合作,企业邀请合作方对本企业进行实地的观摩学习。接受者是否有意识地进行学习也是许多学者讨论的问题。知识溢出可以产生模仿效应、链式反应效应。有关知识溢出的渠道,人们也展开了许多讨论。

4.3.2 知识溢出的渠道与影响因素

知识溢出有国家贸易、研究人员交流、跨区域公司合作、技术许可等多种渠道[3],如图 4.6 所示。

---

[1] ARROW K J. The economic implications of learning by doing [J]. Review of Economic Studies, 1962, 29 (3): 155-173.

[2] STONEMAN P. Innovative diffusion, Bayesian learning and probability [J]. Economic Journal, 1981 (91): 373-388.

[3] ALMEIDA P, KOGUT B. Localization of knowledge and the mobility of engineers in regional networks [J]. Management Science, 1999, 45 (7): 905-917.

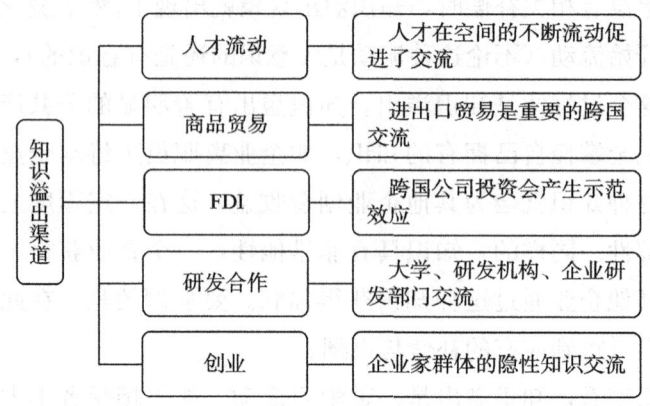

图 4.6　知识溢出渠道

人才是知识的绝对载体，人在不同空间的流动、与周围人群交换意见，使得知识可以充分地传播。从社会网络、社会资本中均可以看出人才流动对知识溢出的重要作用。

商品贸易特别是进出口商品贸易在知识溢出中有着重要作用。许多研究表明，国际贸易中的知识溢出有利于进口国生产效率的提高[1]，进口国可以通过"干中学"、模仿等多种方式将自身能力提高到出口国的水准[2]。

关于 FDI 的相关研究表明，跨国公司与本地企业合作时，会发生实例效应，引导当地企业向跨国公司学习好的方法，形成知识的转移。[3] 学者们认为 FDI 有助于上游供应商获得收益。也有学者认为市场发展程度越高、金融行业发展越好的国家获得的知识溢出的效果越好。

大学、研究机构及企业研发部门的相互交流也是知识溢出的重要途径，特别是大学通过教育将学生送进企业，极大地促进了知识的流通。大学还与其他第三方机构（企业、政府）合作，将知识向更大范围传播。

在创业过程中，企业家之间不断交流，不仅有助于维持知识溢出的渠道，还

---

[1] COE D T, HELPMAN E. International R&D spillovers [J]. European Economic Review, 1993, 39 (5): 859-887.

[2] WOLFGANG K. Geographic localization of international technology diffusion [J]. American Economic Review, 2002, 92 (1): 120-142.

[3] KOKKO A, TANSINI R, ZEJAN M C. Local technological capability and productivity spillovers from FDI in the Uruguayan manufacturing sector [J]. Journal of Development Studies, 1996, 32 (4): 602-611.

有助于进行再创新，依托新知识打造新产业，使创业成为知识的导体。❶

知识溢出受到知识属性、地理距离、知识溢出双方的关系与所处环境、认知距离及接受者的接受能力的影响。其中，显性知识（可以记载、编码的知识）更容易形成知识溢出；双方的地理距离越近，交流越频繁，越容易形成知识溢出；当知识溢出方与接受方的关联紧密、生产力水平相近时，知识溢出的利用率更高；认知距离需要限定在一定范围内，适宜的认知距离会提高学习效率，更容易形成知识溢出；接受者的接受能力强，知识溢出的效率会更高。

4.4 机会平等理论

信息不平等映射的是机会不平等，即社会中的个体无法站在同一起跑线上，通过自身努力达到相同水平的成功。自文艺复兴以来，自由与平等就成为政治与哲学努力探讨的问题。以罗尔斯为代表的西方哲学家开创了关于"平等主义"的研究。在当代研究中可以将平等归纳为福利平等、资源平等与机会平等三种理论。

福利平等理论将福利作为平等的唯一指标。福利指的是社会中个人偏好的满足，越多的个人偏好被满足，福利水平就越高。福利平等要求社会中的每一个个体，无论其自身禀赋、所处环境如何，他们的偏好都可以得到满足。福利平等有一个很大的缺陷，即它忽视了个人偏好之间的巨大差异，如有人偏好滑雪、摄影等高成本的活动，为了满足这些高消费型偏好，资源会过度倾斜。一些残障人士需要的偏好资源要高于一般人，如特殊的医疗辅助、专门的人工看护。所以，福利平等并不合理。

资源平等指的是某种物质的平等。资源平等理论要求政府同等地对待社会中的每一个人。社会中的每一个人要对自己所选择的资源与环境负责任，这就是具体责任原则。德沃金是资源平等的提出者，他认为人拥有两种资源：一种是人格性资源，即天生具有的资源；另一种是非人格性资源，即可以随意转移的资源。德沃金的资源平等理论提出给予所有人初始均等的资源（如货币），然后设立市场，让人们可以在市场自由交易所需的非人格性资源，并且每个人要对自己的交易负责。德沃金的理念无法避免人格性资源的不平等。

---

❶ AUDRETSCH D B. Entrepreneurship capital and economic growth [J]. Oxford Review of Economic Policy, 2007, 23 (1): 63-78.

福利平等理论重视结果的平等，但没有考虑到责任问题。资源平等虽然将责任引入平等理念，但仅仅是在物质层面实现平等，忽视了个人人格性资源的差异。罗默吸取了前人研究的长处与不足，建立了机会平等的理论框架，下文将简单阐述罗默机会平等理论的内涵及特征。

罗默在《社会主义的未来》一书中系统阐述了机会平等理论[1]，他将机会平等定义为三方面的平等，分别是自我实现和福利平等、政治影响平等及社会地位平等。自我实现是个人不断努力奋进的过程，其中强调了人的主观能动性。机会平等意味着首先社会各方面要创造一个相对公平的环境，在这种环境中人们可以公平地竞争以获取资源。其次，要遵循非歧视原则，在竞争中性别、种族不能成为影响竞争的指标。机会平等有着明显的竞争开始之前与竞争开始之后的分别。在竞争开始之前，每个人都有着同样的发展机会。在竞争开始之后，能否取得成果，完全取决于自身能力。罗默考虑到了自身能力不可控的差异，如个人的出身、家庭环境，这些因素是通过个人努力无法打破或者超越的，因此如果社会成员处于劣势，社会应该秉承非歧视原则，将资源向这些成员倾斜，以便于所有的社会成员都可以站在同一起跑线上。综合来看，罗默的机会平等理论认为成功应该取决于人们的自主选择与自主努力。机会不是物质，应该摒弃拜物思维，认为机会就是物质给予。罗默认为，机会应该是一种来自社会各环节的能力，是一种可及优势，人们可以利用这种能力获得成功，并且人们需要对自己的行为负责。

罗默构建的机会平等理论认为社会个体行为的结果是由社会环境、个人努力及政策结果构成的，其重视个人努力的结果，认为人们应该对自己的努力负责，环境与政策是为了创造公平的竞争环境而诞生的。在罗默的理论中有二分法与测量法两种方法。二分法指的是要区分清楚努力与环境导致的结果不同，应该更加重视努力所获得的结果。罗默认为有一类学生学习成绩优异，但并非来自本身意愿的努力，而是在家庭的高压逼迫下的努力，这种努力虽然很强大，但并不是自主性的、发自内心的自我努力，而是来自环境。测量法认为努力是可以测量的，也是可以比较的，测算的核心是将所处环境相当的人放在一起，比较他们所获得的成果。其中重要的问题是个人所处的环境是多种多样的，为了消除环境影响，罗默按照家庭背景、教育程度、种族、性别等多种因素将所处环境分成不同类别，在同一类别中将个人成果按百分位数排列进行比较。在政策方面，罗默倡导机会

---

[1] 约翰·罗默. 社会主义的未来 [M]. 余文烈，译. 重庆：重庆出版社，1997：9.

平等政策（equal opportunity program，EOP），他认为应将所有类型的成果均等化，而不是将努力均等化，即只要通过自身努力，人们均可以达到与在其他环境中类似的成果。

4.5 数字不平等的形成机理

数字不平等的形成是由多种因素导致的，为理清数字不平等的形成机制，本节将从信息不对称、人力资本、知识溢出及机会平等四个方面探讨。

4.5.1 信息不对称下的数字不平等

在信息不对称的情况下，媒体作为数据服务的供给方存在利用信息不对称制造虚假信息和实施存在道德风险的行为的可能。随着数字经济的不断发展，媒体作为信息的供给方需要对信息进行过滤甄别，进而为消费者提供信息服务，这其中暗含着消费者的道德委托。在市场经济条件下，一些媒体对于传播的信息不加分辨便大肆报道，造成谣言不断扩散，更有甚者，为了达到自身利益最大化，不惜捏造假新闻，截取部分言论进行歪曲解释，造成消费者信息识别困难。当消费者遭受损失，会对所有媒体失望，形成大量的逆向选择，加大了数字市场的交易难度，增加了市场交易成本；有的人索性不参与数字交易，加深了数字不平等。

由于信息不对称，出现了数字信息过量与数字信息供不应求共存的矛盾情况。数字信息的消费者的消费类型是多种多样的，具有差异性与特殊性，在信息不对称的情况下，数字信息的传递不是理想化的，即使有大数据加持，数字信息的消费者仍因面临着信息过多的情况，存在信息淹没倾向，无法在庞大繁杂的信息中找到自身需要的信息。同样，信息供给方不能完全了解消费者的需求，双方存在着信息的差异，形成了信息供不应求的局面。

数字信息市场中存在劣币驱逐良币现象。在市场交易中，由于信息不对称的存在，一些质量较低的产品留在市场，形成"柠檬市场"。在数字信息市场中同样存在这样的现象。在古典经济学中，通过各数字信息提供者的完全竞争可以实现资源的合理配置，但在信息不对称的影响下，很难达到资源利用最大化。以新闻媒体为例，在数字信息市场中，有实力较强的新闻媒体，也有实力较弱的新闻媒体，实力较强的新闻媒体拥有的资源多，产出的信息质量较高，但获取其产出的信息需要付出一定费用（如付费内容）。而一些实力较弱的新闻媒体为了争夺市场，同样声称自己拥有高质量的信息，这样就造成了信息市场的鱼龙混杂。数字信息作为一种特殊资源，并不能通过披露验证信息的质量高低，因为一旦信息泄露，它就失去了价值，这就给了实力较弱的信息提供者可趁之机。当消费者接收到劣质信息，会作出逆向选择，更加不会选择实力较强的信息提供者的付费信息，导致实力较强的信息提供者无法在市场中生存，而粗制滥造、夸大其词的信息将充斥市场。信息消费者无法辨别信息，加剧了数字信息不平等现象。

4.5.2 人力资本下的数字不平等

接受教育程度不同是导致数字不平等的重要人力资本因素。许多数字产品需要一定的识字率。接受更高程度的教育的人群更愿意通过互联网进行交流、贸易，高学历、高技术人群更容易在大城市完成学业与寻找工作机会，而城市为数字发展提供了许多基础设施上的便利，因此那些受过良好教育的人群更容易使用互联网。例如，在城市中有着大量的服务业与第三产业，依托于数字经济的电子商务、网约车等数字服务更容易开展。

年龄因素是导致数字不平等的又一人力资本因素。[1] 年轻人对于互联网的使用更加熟悉，对互联网的规则也更加明了。老年人对新事物的接受速度较慢，而互联网产品大多依托于电子产品，老年人由于身体或者心理原因，电子产品使用较少，导致老年人与年轻人之间的数字不平等，这种不平等被称为"银色数字鸿沟"。在老年人内部也存在数字不平等，年龄越大的老年人接受新事物的意愿越低，互联网数字产品的使用率越低，其中涉及高龄老人身体功能受限（记忆力、视力下降）、结构性限制（没有足够的预算购买电子产品）、人际关系限制（周围缺少辅助使用人员）等多种因素，导致数字不平等。[2]

性别也是导致数字不平等的人力资本因素之一。关于性别导致的数字不平等相关研究较少，有少量的研究认为在计算机学习中，女性的学习成本要高于男性[3]。一般男性关于互联网信息的储备量要高于女性。

---

[1] SCHEERDER A, DEURSEN A V, DIJK J V. Determinants of internet skills, uses and outcomes. A systematic review of the second-and third-level digital divide [J]. Telematics and Informatics, 2017, 34 (8): 1607-1624.

[2] LEE B, CHEN Y, HEWITT L. Age differences in constraints encountered by seniors in their use of computers and the internet [J]. Computers in Human Behavior, 2011, 27 (3): 1231-1237.

[3] COOPER J. The digital divide: the special case of gender [J]. Journal of Computer Assisted Learning, 2006, 22 (5): 320-334.

4.5.3 知识溢出下的数字不平等

数字不平等不仅包括接入层面的不平等，也包括使用层面的不平等。信息获取与处理的能力高低差异是衡量使用层面不平等的重要因素。信息获取与处理同样是知识，符合知识溢出的相关理论，而知识溢出下的数字不平等具体表现在以下几个方面。

数字信息大部分为隐性知识。由知识溢出理论可知，显性知识更易传播、普及，而隐性知识由于难以表现，传播面较窄。网络的使用大部分并没有明确的方法与规则，多是根据个人喜好进行内容的选择。而在大数据的加持下，依据用户喜好的内容进行推送会使得低质量内容获取者获取更多的低质量内容，形成马太效应。

地理距离加大了数字信息溢出难度。虽然数字信息的优势之一便是缩短空间距离，但城乡差距仍是数字不平等的重要原因。重要的信息基础设施建设、良好的数字经济环境大多集中于城市，远离农村及山区，集聚趋势明显，形成了对农村地区的虹吸效应，加大了数字不平等。

知识距离影响数字信息溢出。受教育程度不同是知识溢出的重要阻碍。受教育程度较高者更容易获得信息知识，由于知识储备不同，高学历者与低学历者的沟通效率较低，导致数字信息知识从高学历者向低学历者的传播遇到阻碍。

理解运用能力影响数字信息溢出。对于不同的数字信息相关知识，理解运用能力不同是不同群体作出不同抉择的重要因素。以网络支付为例，一部分人理解运用能力强，对于实际的支付操作及背后的支付原理理解程度高，对网络支付的接受程度高，而操作能力弱的人对背后的支付原理理解模糊，造成了对网络支付的排斥。

4.5.4 机会平等理论下的数字不平等

罗默的机会平等理论强调个人努力的重要作用，认为所有人应该处于同一起跑线上。随着数字信息技术的不断发展，出现了机会不平等现象。数字不平等引致的机会不平等如图 4.7 所示，数字信息的优势拥有者可以得到更多的机会。

首先是使用机会的不平等。如果数字信息的优势掌握者优先接触网络，他就可以更早地享受数字信息服务，如数字媒体、数字交易等。同时，较早进入网络的群体容易形成特殊的文化体系，如独特的话语体系、隐性的使用规制等，这导

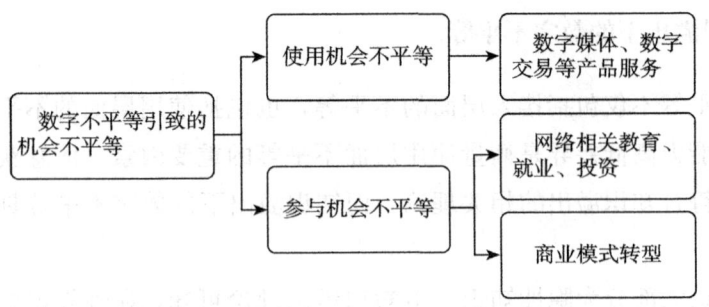

图 4.7 数字不平等引致的机会不平等

致后进入者难以融入这个文化体系，并且优先进入者会存在对后进入者的歧视，进一步形成进入壁垒。

其次是参与机会的不平等。优先掌握网络的使用者可以依靠数字设备获取数字信息服务，更好地从事教育工作、就业、创业等，也可以跨地域进行相关服务的选择。对于稀缺的就业资源，信息优先掌握者会较容易获得。同时，许多就业单位选择利用网络招聘人才，对于不使用网络的求职者形成了壁垒。在企业层面，使用网络可以更快地进行商业模式转型，在数字经济快速发展的情况下抓住机会，而非网络使用者很难在数字潮流中把握机会，从而落后于时代。

第 5 章　数字不平等的评价指标体系

在对数字不平等的可观测性进行研究时，多数研究关注城乡之间的电话使用及互联网接入的差距❶，基于城乡之间互联网发展差异而进行综合性分析评价存在一定的背景偏差。有学者认为应该考虑到互联网使用层面的不平等，从"接入沟"与"使用沟"两个维度对数字不平等进行考察研究。❷ 在信息技术不断发展、互联网普及率不断提升的情况下，接入端有了长足的发展，但受限于年龄、教育程度等多因素的差异，许多用户虽然拥有智能设备，但处于一种"技术盲"的状态。随着信息网络技术的不断发展，全球进入互联网信息时代，数字经济成为各国经济发展的重要支柱，数字要素也融入社会生活、生产、分配、流通和社会服务与管理之中，数字要素与创新技术融合发展成为时代背景下高质量发展的必然产物。以数字技术开发电子政务平台，利用移动端办理业务，新型冠状病毒肺炎疫情防控期间以大数据为基础的健康码、行程卡建设实现了精准、科学、有序的疫情防控，凸显了数字技术在社会环境中的大量应用。然而在数字化进程之中，由于不同地区、城乡、家庭信息网络技术、数字化应用程度及数字创新能力不同，造成群体之间的信息落差、知识分隔，进一步加快了数字发展的不平等趋势。在数字不平等的测度体系建设中要着重考虑互联网使用群体与使用环境的差异，从数字技术发展和数字环境基础出发综合考量数字不平等发展现状。

家庭接入沟反映家庭居民信息通信设备接入差异，是数字不平等的基础；家

---

❶ National Telecommunications and Information Administration. Falling through the net: a survey of the "Have Nots" in rural and urban America [R]. Washington DC, USA, NTIA, 1995.

❷ National Telecommunications and Information Administration. Falling through the net: defining the digital divide [R]. Washington DC, USA, NTIA, 1999.

庭使用沟反映了不同层次家庭利用信息通信技术参与社会生活中各方面活动的具体差异，是数字不平等的具体体现；数字群体基础与数字环境基础是数字不平等的重要环境变量。本书的数字不平等指标设计思路如图 5.1 所示，采用层次分析结构，本章将从数字接入沟、数字群体基础、数字使用沟、数字环境基础四个维度综合考察数字不平等情况。

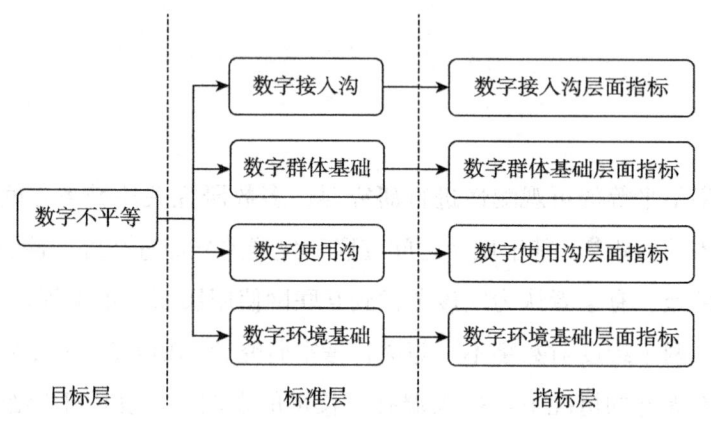

图 5.1　数字不平等指标设计思路

5.1　数字技术接入层面——接入沟

信息与通信技术接入是弥合数字鸿沟、改善数字不平等的基本举措，数字接入沟反映了互联网设备接入水平及获得互联网数字资源与数字服务程度的差异，是解决数字不平等的重要基础。数字资源的不均等享有是导致接入沟（数字技术接入层面差异）进而引致地区、企业及家庭之间数字不平等的根本原因。

在信息技术和互联网快速发展的背景之下，互联网设备的迭代发展是数字信息发展的重要物质支撑。以 20 世纪 60 年代第一台计算机问世为标志，互联互通时代正式开启。随着网络信息技术的不断发展，20 世纪 90 年代，互联网逐渐进入大众视野，一系列网络服务技术应运而生。1998 年微软公司推出集成桌面电脑，计算机成为接入互联网的重要设备，但此时接入沟的差距巨大。计算机接入互联网需要完善的基础通信技术和设施的建设。在互联网发展的早期，接入差距是数字不平等的重要来源。真正促使数字接入沟收缩的是移动端设备的应用。2000 年国际电信联盟公布了第三代移动通信标准，移动端设备进入 3G 智能时代，人们可以通过手机进行网络互联。不同于 1G 与 2G 时代，3G 时代支持更高速率的数据上传与下载服务，正是从此时起，数字经济的发展起步。以 3G 数字技术为基础，经过不断创新优化，数字技术迅速普及，促进了社会和经济的快速发展，数字经济进入全新的发展阶段。但由于数字资源和数字技术的获取方式和使用程度不同，数字不平等问题日渐突出。5G 时代，技术创新成为数字经济的新驱动力，但云存储能否扩大数字技术的包容性、缩小数字不平等，还有待进一步研究。本节将从互联网发展视角探索接入沟方面数字技术发展状况与数字接入差距原因，探究如何合理构建数字不平等接入层指标。

5.1.1 接入沟方面数字技术发展现状

以互联网为代表的数字技术是导致接入沟不平等的关键因素，以互联网为代表的数字技术资源配置造成的信息化差异反映了接入沟发展现状。我国的互联网相较于美国等互联网发达国家起步较晚，但凭借着后发优势，我国互联网在模仿与创新中飞速发展。就接入端而言，从 1994 年到 2009 年，我国互联网接入主要依靠电脑终端，互联网接入便利性较低。到 2009 年，我国移动端网民用户超过 50%，电子设备不断革新。2012 年我国移动端接入互联网用户达到 3.88 亿，手机这一智能设备成为我国数字技术第一大接入端口。数字技术应用的普及和蜂窝物联网❶的飞速发展使智能互联❷成为数字经济的新助力，智能可穿戴设备、智能家居、智能医疗器材、智能市政基础设施、智能化农业成为数字技术的新接入端口，在交通、运输业、农业、医药行业得到广泛应用。如图 5.2 所示，2002—2022 年，我国手机用户数呈现不断上升的趋势；2020 年蜂窝物联网用户异军突起，蜂窝物联网成为规模较大的互联网接入方式。

接入沟方面数字技术不断发展，数字化浪潮下智能化设备的更新在一定程度上减轻了数字技术获得的不平等。互联网接入设备使用情况如图 5.3 所示。2021 与 2022 年，我国互联网接入设备中，手机移动端占比超过 99%，而电脑端、电视

---

❶ 依据中国互联网络信息中心的报告，我国三家基础电信企业（中国移动、中国联通、中国电信）蜂窝物联网终端用户从 2018 年年底的 6.71 亿户增长至 2021 年年底的 13.99 亿户，年均复合增长率达 27.8%。
❷ 智能互联指以物联网技术为基础，以智能终端设备为载体，结合云计算、大数据、人工智能等新兴技术，人与人、人与物、物与物之间形成智能化的互联互通。

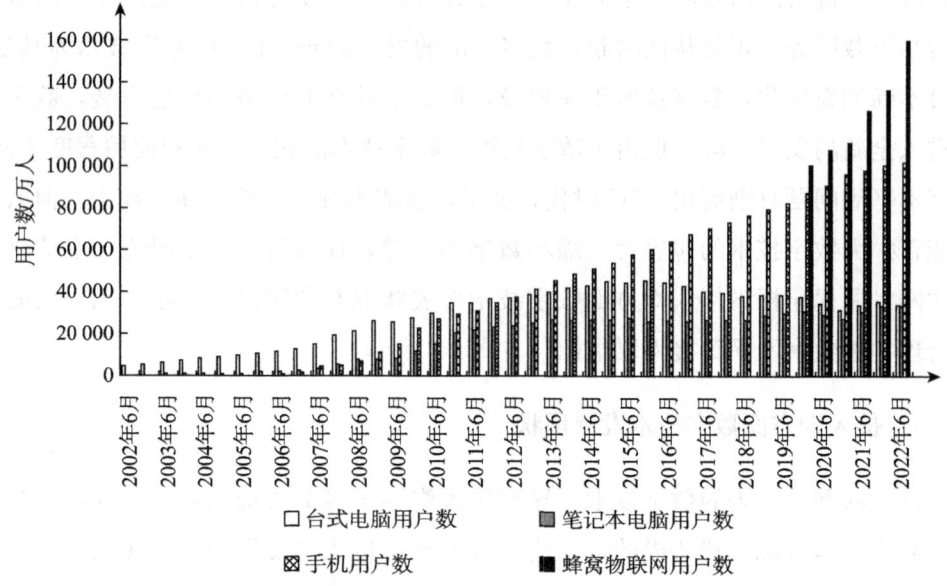

图 5.2　2002—2022 年接入沟方面数字技术终端用户规模

数据来源：中国互联网络信息中心. 第 50 次中国互联网络发展状况统计报告 [R/OL]. https://www.cnnic.net.cn/NMediaFile/2022/0926/MAIN1664183425619U2MS433V3V.pdf.

端的接入占比均值为 25%～35%❶，这在一定程度上表明我国接入沟方面数字技术应用主要依靠手机端，手机这一智能设备缩小了宽带建设及网络终端设备带来的差异，不断推动数字化发展。

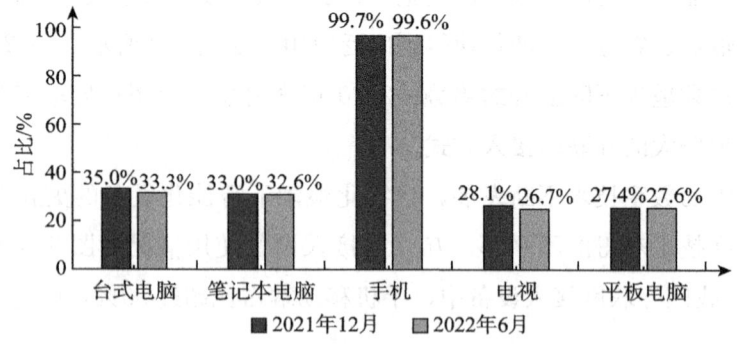

图 5.3　互联网接入设备使用情况

数据来源：中国互联网络信息中心. 第 50 次中国互联网络发展状况统计报告 [R/OL]. https://www.cnnic.net.cn/NMediaFile/2022/0926/MAIN1664183425619U2MS433V3V.pdf.

---

❶ 接入端的统计按照实有数量，即拥有手机的用户可同时拥有计算机与平板电脑。

接入沟主要关注数字技术在拥有者和缺乏者之间的差距，手机移动端成为数字技术的主要接入端口。根据工业和信息化部报告数据，我国移动电话用户规模2020年突破15亿人，并且一直保持缓慢上升态势。当然，手机用户并不代表上网用户，许多人仅将手机作为通信设备，并不进行互联网接入。

拥有接入设备是接入互联网的重要基础，但接入沟还需要考虑实际的获取服务。许多网民虽然拥有接入设备，但无法从互联网中获取数字信息服务，导致接入沟扩大。数字技术每周使用时长如图5.4所示。2020—2022年，我国网民人均每周上网时长均在26h以上，平均每天的上网时间为4～5h，表明我国网民的互联网使用率较高，日常生活中获取数字信息服务的机会较多。

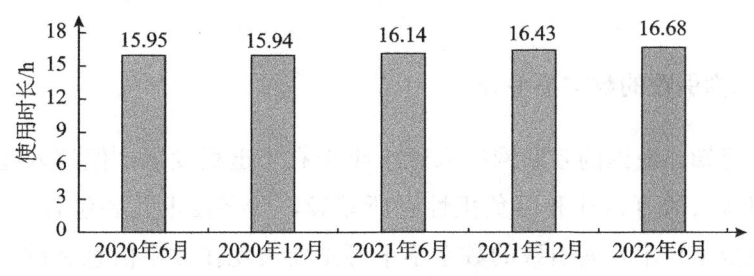

图5.4 数字技术每周使用时长

数据来源：中国互联网络信息中心. 第50次中国互联网络发展状况统计报告［R/OL］. https://www.cnnic.net.cn/NMediaFile/2022/0926/MAIN1664183425619U2MS433V3V.pdf.

接入沟需要通过获得优质的数字信息服务收缩，高质量网络是获得数字信息服务的重要支撑，如视频通话、网络购物在千兆以下的网络中仍可以运作，但智能穿戴设备、智能医疗设备、智能农业器械需要更高速的网络支撑，否则难以快速地反馈与回应。千兆网络是高速网络的重要体现。我国2020—2022年[1]千兆网络及以上固定互联网宽带接入用户数如图5.5所示。2022年千兆以上宽带用户达6111万户，从2020年到2022年增长了大约8倍，但在网络接入中的占比较少，意味着我国的基础宽带建设仍有一定差距。宽带生态系统建设是弥合数字鸿沟、进一步推进数字技术发展的关键环节。

---

[1] 2022年三家基础电信企业的固定互联网宽带接入用户总数达5.63亿户，较2021年12月净增2705万户。其中，100Mbps及以上接入速率的固定互联网宽带接入用户达5.27亿户，占总用户数的93.7%；1000Mbps及以上接入速率的固定互联网宽带接入用户达6111万户，较2021年12月净增2655万户，占总用户数的10.9%。

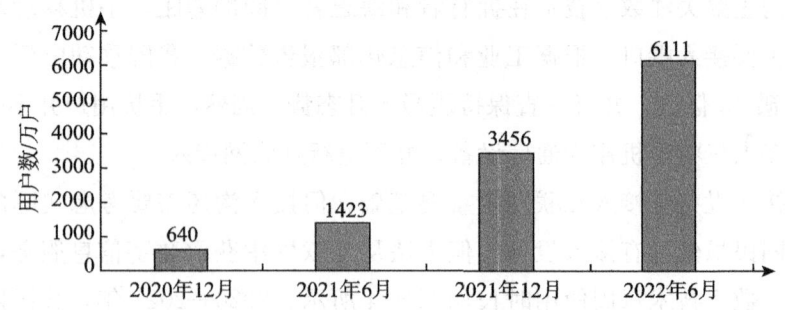

图 5.5　2020—2022 年千兆网络及以上固定互联网宽带接入用户数

数据来源：中国互联网络信息中心．第 50 次中国互联网络发展状况统计报告［R/OL］．https://www.cnnic.net.cn/NMediaFile/2022/0926/MAIN1664183425619U2MS433V3V.pdf.

5.1.2　接入沟引致的数字不平等

由上文可知，我国的互联网接入近十年来有了迅猛发展，但接入差距仍十分明显。网络接入的可达性和可负担性有所差异，数字技术发展包容性有待提升，接入沟方面数字技术发展引致的数字不平等主要表现在数字信息基础设施、数字技术接入设备拥有量及数字技术使用时长三方面。

1）数字信息基础设施覆盖率差异。信息基础设施建设是推动数字技术发展和广泛应用的核心，数字信息基础设施建设是融合信息和数字技术的桥梁，当前由接入沟引致的数字不平等仍然存在。互联网接入需要建设传播速率更高的基站。我国千兆网络接入户数仅占接入总户数的 10%，特别是在农村地区，网络基站建设率低，许多山区与落后地区的 4G 基站的建设覆盖率仍处于较低的水平，即使拥有较多的电子接入设备，也无法提高互联网的接入水平，获取数字信息服务。

2）数字技术接入设备拥有量差异。虽然我国手机接入端数量和使用规模在扩大，但在不同区域、城乡及家庭之间数字技术接入鸿沟仍然存在。数字技术接入设备拥有量差异在一定程度上反映了数字能力的不平等，信息与网络技术掌握程度因年龄、受教育程度和使用方式等不同有所差异。数字技术接入端是获取信息、深度互动并创造全新价值的物质基础，拥有量差距在一定程度上引致了数字不平等。

3）数字技术使用时长差异。我国网民人均每周上网时间在 26h 以上，但大部分网民使用互联网仅限于短视频和即时通信软件，并没有享受到如电子商务、智能家居等数字信息服务，即部分互联网用户持续处于"信息贫瘠"状态，由此导致深层次的信息服务差距，加深了行业、区域及家庭之间的数字不平等。

5.2 数字群体基础

接入差异是数字不平等的基础因素，而数字群体的差异造成了数字资源获取的差距。许多老年人对数字设备不熟悉，担心资金损失而拒绝接受数字信息服务。老年群体对互联网认同度较低，自我效能感不强，数字化技术水平与年轻人存在一定差距[1]，这是导致数字不平等的群体基础之一。文化程度在一定程度上代表了参与信息经济的可能性。文化程度越高的人接触互联网等数字技术的机会越多。数字信息在不同文化程度群体中的传播成本与传播速度有所差异。学历较高的人更有可能在大城市就业，而大城市拥有更好的互联网公共设施。文化程度差异通过工作习惯及传播成本等影响不同学历群体之间的数字不平等。城乡差异引致的数字不平等是当前数字经济发展研究的重要内容，是实现共同富裕要面对的重要问题，相关学者从城乡数字技术接入意识、数字基础环境、数字信息化利用程度等方面考察了城乡之间的数字鸿沟。数字群体基础反映了各群体对互联网认知不同、文化程度不同及城乡不同造成的群体数字差距，是数字不平等指标体系建设中的重要环节。

5.2.1 数字群体基础及发展现状

数字化成为时代主流，数字技术与不同群体交汇形成新的社会特征，各群体数字素养和数字技能差异形成了数字不平等的群体基础。

2020—2022年我国网民规模如图5.6所示。2020年网民数量为93 984万人，2022年网民数量为105 114万人，增加了11.8%。互联网普及率从2020年的67%上升到2022年74.4%，表明我国网民数已经占总人口的70%以上，具有比较良好的数字群体基础，为我国数字经济的发展提供了重要支撑。要注意的是，即使在互联网应用如此广泛的今天，特别是在新型冠状病毒肺炎疫情防控期间对

---

[1] 匡亚林. 老年群体数字融入障碍：影响要素、用户画像及政策回应 [J]. 华中科技大学学报（社会科学版），2022, 36 (1)：46-53.

互联网的依赖陡增（行程卡、健康码的使用），仍有近30%的群体未接触与使用互联网，从侧面反映了我国数字不平等的现象仍比较严重。

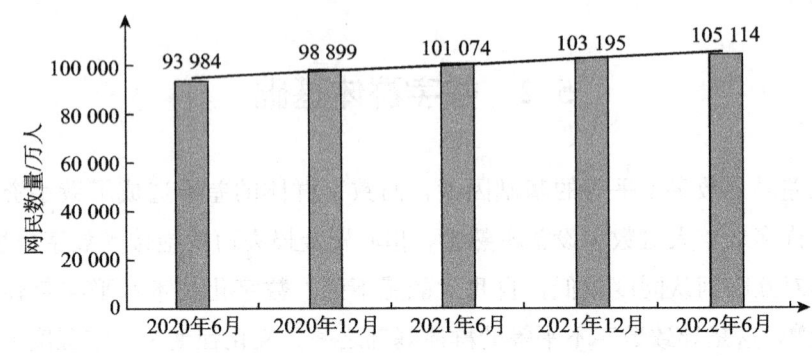

图5.6　2020—2022年我国网民规模

数据来源：中国互联网络信息中心．第50次中国互联网络发展状况统计报告［R/OL］．https://www.cnnic.net.cn/NMediaFile/2022/0926/MAIN1664183425619U2MS433V3V.pdf.

性别差异同样会造成数字群体差异。2022年我国网民性别结构如图5.7所示，女性网民占比为48.3%，男性网民占比为51.7%，与我国目前的人口性别结构相似。人力资本理论认为女性相较于男性而言接触互联网的机会较少，网络知识水平低于男性，但由统计可知，我国网民性别结构处于比较合理的水平，性别造成的数字群体差异较小。

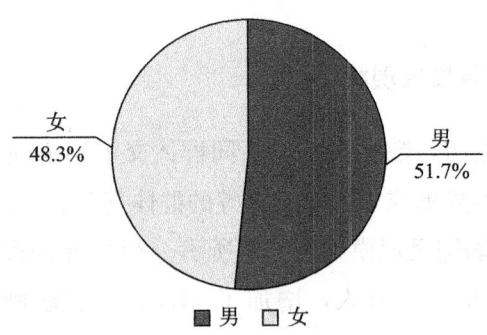

图5.7　2022年我国网民性别结构

数据来源：中国互联网络信息中心．第50次中国互联网络发展状况统计报告［R/OL］．https://www.cnnic.net.cn/NMediaFile/2022/0926/MAIN1664183425619U2MS433V3V.pdf.

年龄差异是数字不平等的重要来源。由年龄导致的数字差距被称为"银色数字鸿沟"❶。"银色数字鸿沟"产生的原因有：老龄人口对新事物接受程度低，缺乏学习动力；一些数字产品的设计不适用于老龄人口（如过多的专业化操作）；在网络环境中形成了特有的网络文化，如网络流行语言，老年人难以融入；数字产品昂贵，老龄人口受到预算约束。2022年我国网民年龄结构如图5.8所示。我国网民中10～50岁的群体占比为70.1%，表明我国互联网群体以中青年居多，60岁及以上老龄人口仅占11.3%，低于我国人口年龄结构中老龄人口的占比，表明年龄造成的数字群体不平等情况仍比较严重。

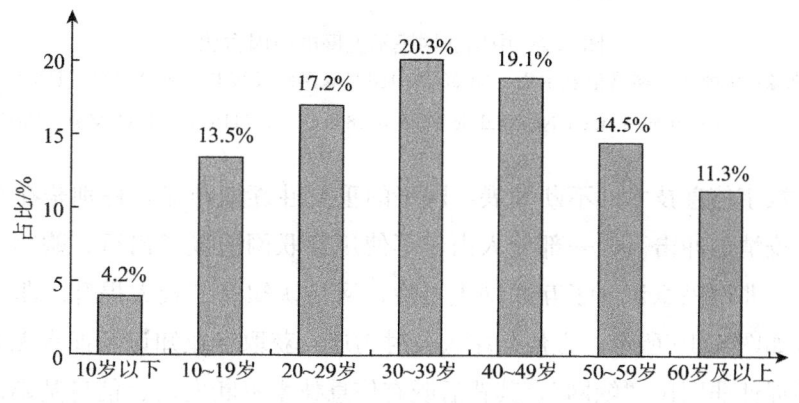

图5.8　2022年我国网民年龄结构

数据来源：中国互联网络信息中心．第50次中国互联网络发展状况统计报告［R/OL］．https://www.cnnic.net.cn/NMediaFile/2022/0926/MAIN1664183425619U2MS433V3V.pdf.

5.2.2　网络认知差异引致的数字不平等

信息时代认知水平的不平等是导致群体间数字不平等的重要原因，互联网等数字技术不仅可以缩小认知差距，也可以扩大认知差距，许多人认为互联网对自己的生活益处较少，对互联网形成排斥心理。

我国非网民不上网的原因占比如图5.9所示，不懂电脑与网络占60.7%，其中很大程度上是因为网络认知程度较低，存在着主观因素。虽然一些数字信息设备存在使用门槛，但大部分数字信息设备操作逐渐简易化。无法认识到通过互联网获取信息服务的重要性，成为数字不平等重要的主观障碍。

---

❶ 刘建国，苏文杰．"银色数字鸿沟"对老年人身心健康的影响——基于三期中国家庭追踪调查数据（CFPS）［J］．人口学刊，2022，44（6）：53-68．

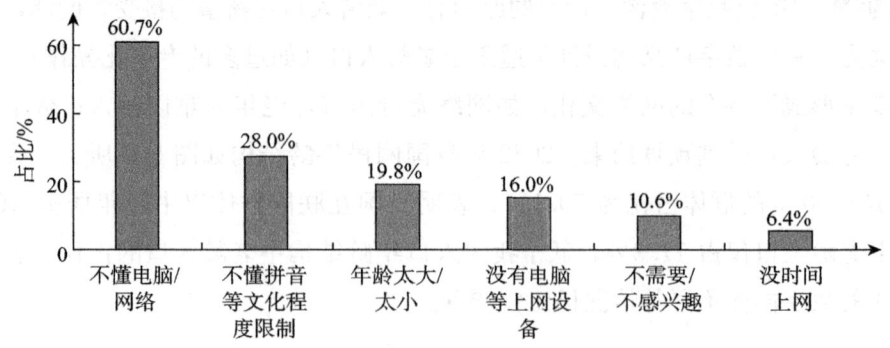

图 5.9 中国非网民不上网的原因占比

数据来源：中国互联网络信息中心．第 50 次中国互联网络发展状况统计报告［R/OL］．https://www.cnnic.net.cn/NMediaFile/2022/0926/MAIN1664183425619U2MS433V3V.pdf．

随着数字信息技术的不断发展，网络的重要性逐渐凸显，特别是在新型冠状病毒肺炎疫情的冲击下，一部分人由于不使用互联网造成了出行、购物、就医等困难。许多非网民意识到了互联网重要性，网络认知有了较大提升。非网民上网促进因素如图 5.10 所示。方便与家人及时沟通、获取专业知识及拥有无障碍上网设备不断促使非网民"触网"，其背后既有信息技术不断发展、信息基础设施建设不断完善的原因，也有即时通信、网上购物逐渐使得社会群体意识到网络服务的重要性的原因，缓解了由网络认知引致的数字不平等。

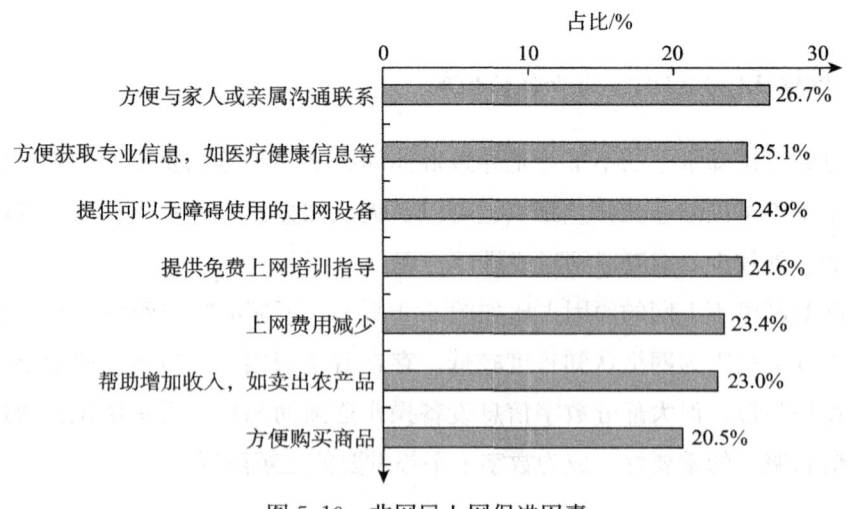

图 5.10 非网民上网促进因素

数据来源：中国互联网络信息中心．第 50 次中国互联网络发展状况统计报告［R/OL］．https://www.cnnic.net.cn/NMediaFile/2022/0926/MAIN1664183425619U2MS433V3V.pdf．

5.2.3 文化程度差异引致的数字不平等

文化程度不同是造成数字群体差异的重要因素。根据人力资本与知识溢出理论，学历越高的人接触网络的机会越多，关于网络信息知识的交流也越多。

首先，文化程度是使用网络的重要门槛。随着信息技术的不断发展，基础网络应用的操作日益简易化，但识字率仍是进入网络的必备素质。在农村地区，许多中老年人没有接受完整的义务教育，或者因为年龄增长记忆力衰退，文字辨别能力大幅下降，造成了网络使用障碍。

其次，文化程度越高的人在日常生活中接触网络的机会越多。初、高中教育课程中有着必须的计算机信息课程，本科、研究生等高等教育阶段的课程学习及论文写作需要学生查阅大量互联网资料，获取网络服务、辨别真假信息是每一个大学生的基本网络素养。特别是在疫情蔓延时，许多学校进行网络授课，这要求学生必须熟悉网络，增加了接触网络的机会。

最后，高学历人群倾向于在大城市就业，而大城市拥有良好的网络基础设施。我国高等学府所在地大部分是大中型城市，高学历人群毕业后，由于薪资、发展前景等诸多因素会选择在大城市就业，而大城市拥有良好的网络基础设施，且大部分网络服务如网约车、外卖等也依托于大城市，使得高学历人群更容易获得数字信息服务。

5.2.4 城乡群体差异引致的数字不平等

城乡之间由于基础设施、群体文化程度、产业发展等不同，形成了数字不平等。

1）网络接入差异。大城市由于数字产业集中，相关基础设施完善，网络覆盖率高。农村地区由于人口分散，互联网普及率和网络覆盖率较低，部分山区及农村边远地区仅有 2G 网络覆盖，无法满足居民的使用要求。由于农村居民收入较低，而互联网流量费用相对高昂，互联网流量使用费用占农村居民收入的比例高达 8.49%，这是大部分农村居民无法负担的。❶

2）数字产业与数字环境差异。许多农村地区数字市场不够完善，在市场化条

---

❶ 霍鹏，殷浩栋. 弥合城乡数字鸿沟的理论基础、行动逻辑与实践路径——基于"网络扶贫行动计划"的分析 [J]. 中国农业大学学报（社会科学版），2022，39（5）：183-196.

件下，数字相关的技术、资金、人才会在市场规律的作用下流向大城市，而大数据、云计算等信息技术本身就是为了加快资源的流动而研发，这加重了发达地区、大中城市对农村地区资源的虹吸效应。❶

3）数字素养与数字技能差异。农村地区居民的受教育程度普遍低于城市居民，导致在学习使用数字信息设备时存在差异。部分农村地区缺乏必要的计算机、互联网课程，农村居民普遍缺少相关技能。

2021年和2022年我国网民城乡结构如图5.11所示。2021年与2022年，我国农村网民维持在约27%的水平，而城镇网民维持在约72%的水平。根据国家统计局数据，2021—2022年我国农村人口约占总人口的35%，网民占比不同于人口占比，反映了农村居民的网络使用率明显低于城镇居民。

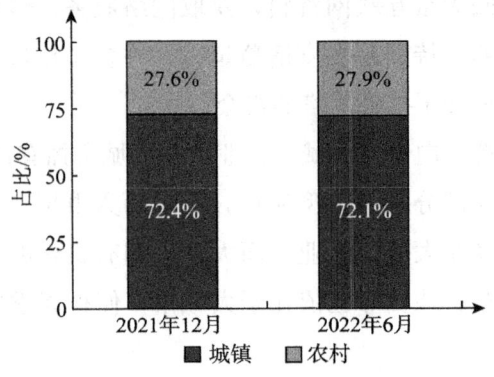

图5.11 2021年和2022年我国网民城乡结构
数据来源：中国互联网络信息中心．第50次中国互联网络发展状况统计报告［R/OL］．https：//www.cnnic.net.cn/NMediaFile/2022/0926/MAIN1664183425619U2MS433V3V.pdf.

网民城乡结构差异的背后主要是互联网普及率的差距，2020—2022年我国城乡互联网普及率如图5.12所示。2020—2022年，城镇地区互联网普及率从76.4%上升到82.9%，而农村地区互联网普及率从52.3%上升到58.8%，虽然农村地区互联网普及率上升速度和城镇地区相同，但是从互联网普及率的绝对值看，农村地区落后于城镇地区。

---

❶ 肖荣美，张巾，霍鹏，等．数字经济、税收分配与城乡协同发展［J］．信息通信技术与政策，2021，47（5）：26-31.

第 5 章 数字不平等的评价指标体系

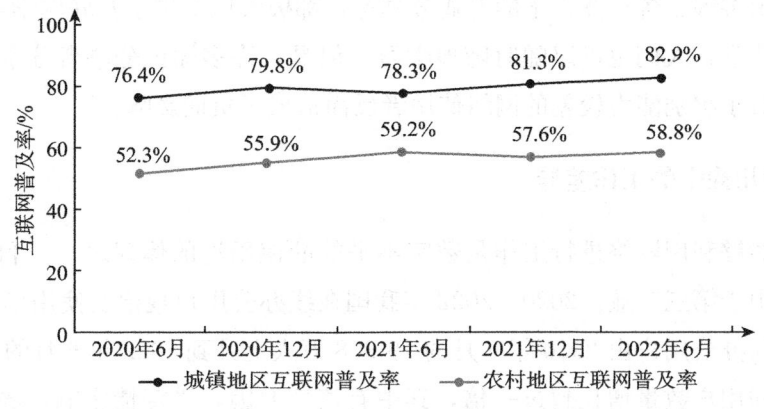

图 5.12　2020—2022 年我国城乡互联网普及率

数据来源：中国互联网络信息中心．第 50 次中国互联网络发展状况统计报告［R/OL］．https：//www.cnnic.net.cn/NMediaFile/2022/0926/MAIN1664183425619U2MS433V3V.pdf.

5.3　数字技术利用层面——使用沟

数字不平等研究初期，研究者普遍认为可接入网络设备的获得是消除数字不平等的关键，只要拥有可连接网络的计算机便可以有效解决数字不平等问题。❶ 随着信息技术的不断发展，大部分人接入互联网，接入沟逐渐收缩，相同接入条件下人们是否能获取同等质量的数字信息服务成为研究者考虑的重点，研究者开始考虑互联网使用者能否获取高质量、合适的数字信息。❷ 信息使用良好者与信息使用不良者在信息获取与处理方面的差异便是数字不平等中使用沟的差异。对于使用沟的测度不能单独从使用互联网是否频繁考虑，因为其中存在着获取信息服务质量的差距，因此本节将从学习、工作、社交、娱乐、商业多个层面对使用沟进行分析度量。

5.3.1　使用沟中的学习差异

伴随着信息技术的不断发展，21 世纪进入了"泛学习"时代，不仅有各种专业的学习软件，如研究生入学考试、国家公务员考试专业软件，即时通信、网络视频等多种软件也推出了学习板块，此外还有全球各大高校的公开课、相关专业

---

❶ DIJK V J. A framework for digital divide research［J］. Electronic Journal of Communication，2002（12）：1-2.
❷ 金文朝，金锺吉，张海东. 数字鸿沟的批判性再检讨［J］. 学习与探索，2005（1）：32-38.

人士的知识讲解、各行业人士的专业分享等，都极大地促进了互联网学习的发展。即使远离课堂，人们也可以随时随地学习。但是，许多知识分享者分享的内容良莠不齐，对于辨别能力较差的网络使用者反而造成了负面影响。

5.3.2 使用沟中的工作差异

是否能够利用网络进行工作是数字不平等的使用沟的体现之一。利用互联网办公多集中于第三产业。2020—2022年我国在线办公用户规模及使用率如图5.13所示。在线办公用户由2020年6月的19 908万人上升到2022年6月的46 066万人，两年间用户数量增长超过一倍，其中有疫情原因，受疫情影响，居家办公人数激增，造成了在线办公用户大量增长的情况。总体上在线办公一直处于较低水平，2020年6月在线办公使用率仅为21.2%，这一方面因为在线办公仅能部分满足工作需要，在复杂的工作环境中应用程度较低，另一方面，在线办公的使用场景单一，真实需求较低。相对于规模庞大的网民群体，在线办公的用户规模较小，网络在工作中应用程度低是重要原因。

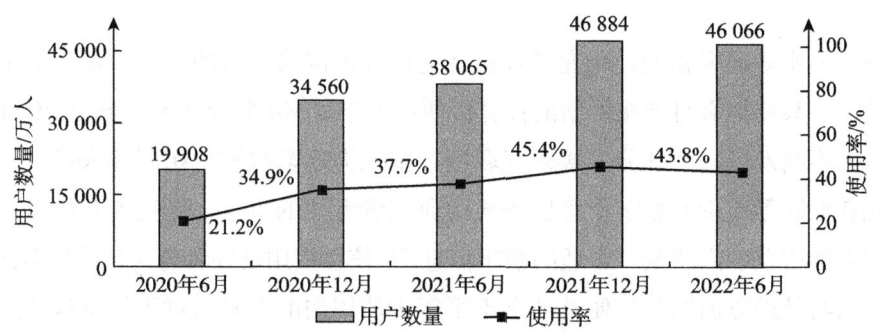

图 5.13　2020—2022年我国在线办公用户规模及使用率

数据来源：中国互联网络信息中心．第50次中国互联网络发展状况统计报告［R/OL］．https://www.cnnic.net.cn/NMediaFile/2022/0926/MAIN1664183425619U2MS433V3V.pdf.

5.3.3 使用沟中的社交差异

网络社交是消除数字不平等的重要手段与渠道，社交需求是促进非网民使用互联网的重要因素。2020—2022年我国即时通信用户规模及使用率如图5.14所示。2020年6月我国即时通信用户规模为93 079万人，2022年6月上升到102 708万人。即时通信用户是互联网使用层面规模最大的群体，其用户规模与发展趋势等同于我国的网民规模及发展趋势。2020—2022年，即时通信使用率一直保持在97%以上的水平，是使用率最高的互联网服务。

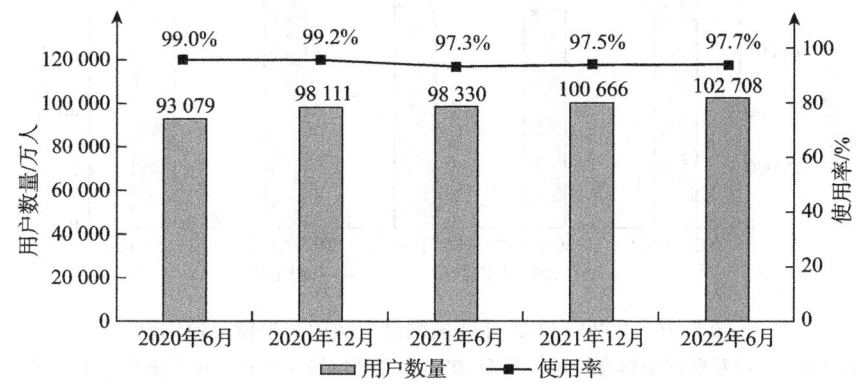

图5.14　2020—2022年我国即时通信用户规模及使用率

数据来源：中国互联网络信息中心．第50次中国互联网络发展状况统计报告［R/OL］．https://www.cnnic.net.cn/NMediaFile/2022/0926/MAIN1664183425619U2MS433V3V.pdf.

5.3.4　使用沟中的娱乐差异

娱乐获取是互联网发展的重要功能，通过互联网丰富精神世界、缓解生活和工作压力是互联网娱乐的重要使命。以娱乐网络视频为例，2020—2022年我国网络视频用户规模及使用率如图5.15所示。2020年6月我国网络视频用户规模为88821万人，2022年6月上升到99488万人，用户规模仅次于即时通信，并且其使用率一直保持在93%以上。网络娱乐逐渐发展为用户原创内容（user generated content，UGC）模式，每一个人都可以是内容创造者。网络娱乐一方面有着极强的成瘾性，许多人沉迷于短视频、网络游戏等网络娱乐中，特别是青少年对于网络娱乐的抵抗力更弱；另一方面，网络娱乐多采用UGC模式，因此内容良莠不齐，许多互联网使用者难以辨别，形成了新的使用沟。

5.3.5　使用沟中的商业差异

是否参与网络商业是数字不平等的高层次体现。互联网商业是互联网信息技术发展的内在推动力，极大促进了数字经济的发展。网络支付是互联网商业的重要体现，从直播打赏、游戏充值的互联网娱乐到电子商务、网约车的互联网生活服务，都必须依靠网络支付进行市场交易。如图5.16所示，2020年6月我国网络

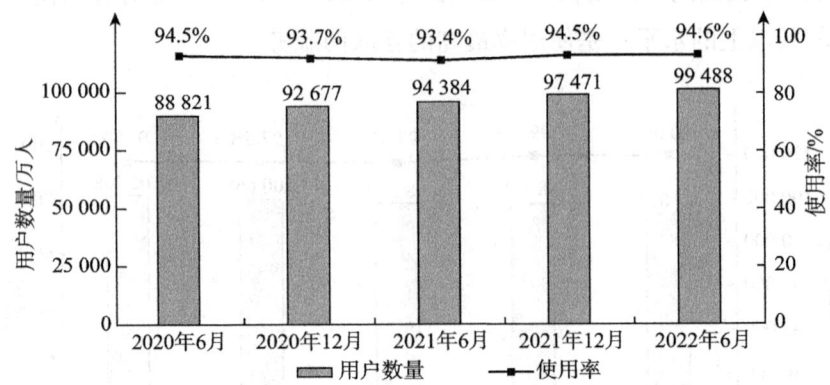

图 5.15　2020—2022 年我国网络视频用户规模及使用率

数据来源：中国互联网络信息中心．第 50 次中国互联网络发展状况统计报告［R/OL］．https：// www.cnnic.net.cn/NMediaFile/2022/0926/MAIN1664183425619U2MS433V3V.pdf.

支付用户规模为 80 500 万人，2022 年 6 月上升到 90 444 万人，约占总网民数量的 90％，网络支付使用率一直保持在 85％以上。参与互联网商业是网络使用良好的重要体现，但由于涉及财产安全等问题，许多网络使用者并不进行网络商业活动，一方面因为自身对网络不够熟悉，对网络商业存在抗拒，另一方面，网络商业是收入差距、城乡差距的直观体现。一些网络使用者即使参与互联网商业，也仅涉足网络购物领域，对于互联网生活服务（如外卖、网约车）及互联网金融服务涉足甚少。因此，在网络使用沟中互联网商业存在着巨大差别。

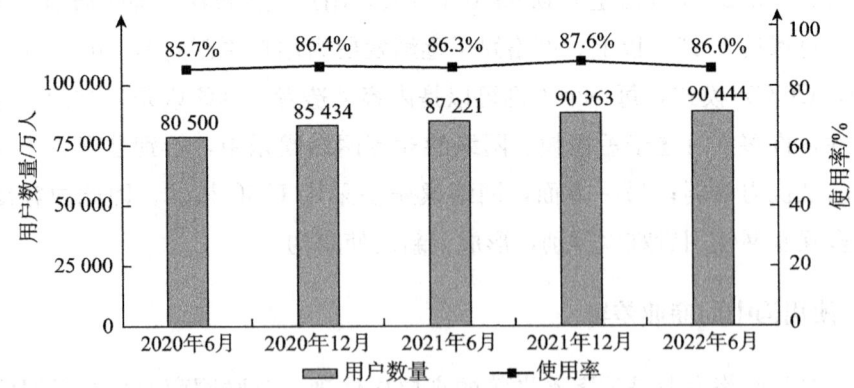

图 5.16　2020—2022 年我国网络支付用户规模及使用率

数据来源：中国互联网络信息中心．第 50 次中国互联网络发展状况统计报告［R/OL］．https：// www.cnnic.net.cn/NMediaFile/2022/0926/MAIN1664183425619U2MS433V3V.pdf.

5.4 数字环境基础

数字环境是数字技术接入的重要条件，良好的数字环境有利于激发数字技术创新活力和发展空间，为数字经济和数字社会发展提供良好的环境支撑。因此，数字环境的差异在一定程度上影响着数字不平等。具体来看，数字环境可以分为家庭数字环境与社会数字环境。与接入沟不同的是，数字环境差异假定在信息技术发展、信息技术基础设施建设相同的情况下，个体所处的环境对其是否接入网络及能否更好地获取高质量的数字信息服务有着促进作用。

5.4.1 家庭数字环境

人力资本理论认为家庭是人力资本培养最原始也是最重要的环境，良好的家庭数字环境同样可以促进网络接入。例如，家庭中的年轻成员为老龄成员提供网络信息服务、相关的网络知识及数字设备的操作指导，都能够极大地促进互联网的代际传播，是缩小"银色数字鸿沟"的重要手段。

一个家庭是否具有良好的数字环境在很大程度上取决于家庭收入，即使数字技术接入费用不断降低，对于低收入家庭来说仍是一笔不小的开支。如图 5.17 所示，2012—2021 年的十年间，我国居民人均可支配收入从 16 510 元上升到 35 128 元，上升了约 1.1 倍。居民收入跨越式的上升意味着互联网接入量的不断增加。在家庭网络支出中，购置网络接入设备（如手机、电脑等电子设备）是一笔重要开支，但占比最大的是每月的网络服务及通信费用。以 5G 流量资费为例，在满足日常需求的情况下，一年的流量费用相当于购买一部普通智能手机的费用，并且这种消费是持续性的，这要求家庭收入的支撑，而不同的家庭收入特别是城乡家庭收入的差异形成了不同的家庭数字环境。

家庭收入是数字信息使用能力的表现，而家庭消费是数字信息使用意愿的表现。国家统计局数据显示，2021 年我国居民人均消费支出占居民收入的 60% 以上，表明居民的消费意愿较高。具体到消费项目中，服务性消费占比较低，大部分为生活性消费。对于数字信息服务消费的不同看法有着城乡结构与年龄结构的差异。老龄人口特别是农村地区的老龄人口储蓄意愿较强，消费意愿较低，对于数字信息消费有着一定程度的排斥，在消费层面形成巨大的差异。

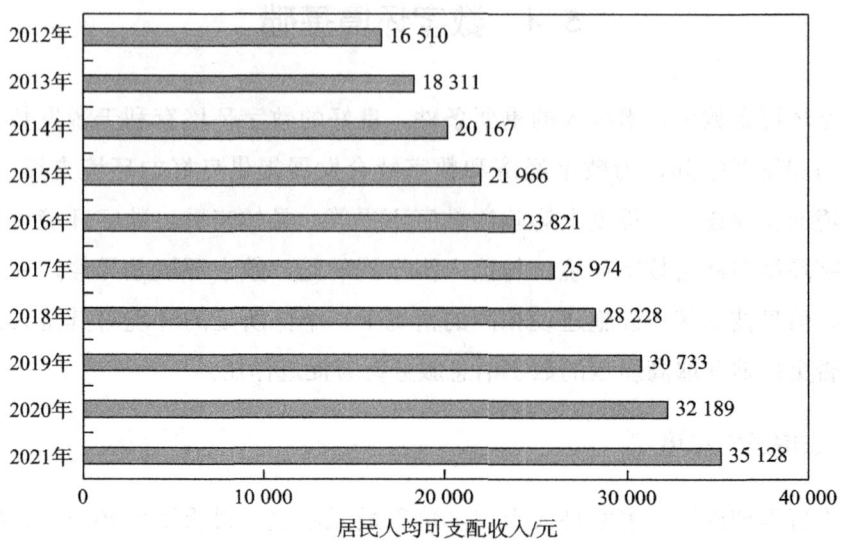

图 5.17　2012—2021 年我国居民人均可支配收入

数据来源：国家统计局．中国统计年鉴（2012—2022）［M］．北京：中国统计出版社．

5.4.2　社会数字环境

在接入基础设施、群体接入意愿趋同的情况下，良好的社会数字环境是数字平等的重要推动力，这一推动力需要政府、企业等多个社会主体的参与，特别是政府在其中应当发挥重要作用。

政府在收入再分配中起着重要作用，可以对家庭数字环境差异进行一定程度的弥合，特别是政府补助、养老金制度等能够对居民收入进行再次分配，有利于促进个人消费。如图 5.18 所示，2012—2021 年我国城乡居民社会养老保险参保人数不断上升，从 48 369 万人上升到 54 797 万人。参保人数增多体现了我国养老金制度不断完善，为社会层面的数字环境提供了足够的支撑。虽然政府相关补助有力地推动了数字信息化的发展，但补助不均衡、分配力度不足及分配不精准等问题仍存在，一些资金需要者面临着申请难、难应急等困境。

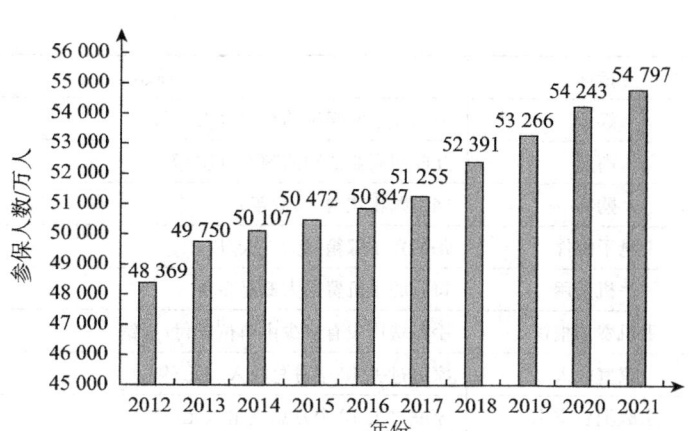

图 5.18　2012—2021 年我国城乡居民社会养老保险参保人数
数据来源：国家统计局．中国统计年鉴（2012—2022）[M]．北京：中国统计出版社．

5.5　数字不平等指标体系构建

按照数字不平等指标体系设计思路，从接入沟、群体基础、使用沟及数字环境基础四个方面综合考察家庭对信息、网络技术的拥有程度和应用程度，进而衡量家庭之间的数字化差距。根据数据的代表性和可获得性，最终收集整理指标 23 个，具体指标体系见表 5.1。

表 5.1　数字不平等指标体系

层面	指标	描述
接入沟	移动电话	是否使用移动电话（手机）
	移动设备联网	是否使用移动设备如手机、平板电脑联网
	固定设备联网	是否使用电脑上网
	上网机会	业余上网时间（h/周）
群体基础	互联网认知	通过互联网获取信息的重要性
	文化水平	所处的教育阶段
		最高学历
	所在地区（城乡）	基于国家统计局资料的城乡分类
使用沟	学习	使用互联网学习的频率（次/天）
	工作	使用互联网工作的频率（次/天）
	社交	使用互联网社交的频率（次/天）

续表

层面	指标	描述
使用沟	娱乐	使用互联网娱乐的频率（次/天）
	商业	互联网商业活动的频率（次/天）
	购物	网络购物花费（元/年）
	电子邮件	每周登录邮箱几天（天/周）
数字环境基础	手机费用	每月的手机费用大概是多少
	手机费用报销	手机费用中有多少由单位支付/报销
	家庭收入	家庭过去12个月总收入（元/年）
	家庭消费支出	家庭过去12个月总支出（元/年）
	家庭通信费用	家庭每月通信费（元/月）
	电费	家庭每月电费（元/月）
	政府补助	政府补助总额（元/年）
	社会捐助	收到的社会捐助总额（元/年）
	离退休/养老金	离退休/养老金总额（元/年）

接入沟是数字信息平等的重要基础。拥有网络接入设备及上网机会是获取信息服务的必要条件。手机与电脑是重要的接入设备，因此接入沟层面选取是否使用移动电话、是否使用移动设备联网、固定设备（电脑）是否联网及上网机会四个指标衡量接入差距。

群体基础差异是数字不平等的必要因素。对互联网的认知不同、文化程度不同，都会对互联网的使用产生影响。对互联网认知越多、文化水平较高，对网络的使用就更加熟悉。城镇地区与农村地区的网络使用差异是数字鸿沟的重要研究内容❶。本书将从互联网认知、文化水平及所在地区（城乡）三个方面衡量数字群体基础差异。

使用沟是数字不平等的重要体现。在网络接入的前提下，如何使用网络及从网络中获取高质量的数字信息服务是网络使用质量的重要衡量指标。大部分网民对于网络的使用多局限于即时通信，在海量的网络信息中难以鉴别真伪，甚至可能造成财产损失，而互联网使用良好者可以高效获取信息，并利用网络获得高质量的数字信息服务，这正是网络使用的差距。本书将从学习、工作、社交、娱乐、

---

❶ 霍鹏，殷浩栋. 弥合城乡数字鸿沟的理论基础、行动逻辑与实践路径——基于"网络扶贫行动计划"的分析 [J]. 中国农业大学学报（社会科学版），2022，39（5）：183-196.

商业、购物及电子邮件几个方面衡量网络使用差异。

数字环境基础是数字信息发展的重要支撑。本书从家庭数字环境与社会数字环境方面选取了手机费用、手机费用报销比例、家庭收入、家庭消费支出、家庭通信费用、电费、政府补助、社会捐助、离退休/养老金几个指标考察数字环境基础。

第 6 章 数字不平等的统计测度

本章将根据数字不平等的指标体系对数字不平等进行统计测度与分析。使用中国家庭追踪调查（CFPS）数据库 2018 年数据，从微观家庭层面进行指标筛选，最终确定了四个层面 23 个家庭数字不平等指标。首先，依据样本数据特性，选取主成分分析法处理指标数据，通过数据降维生成数字化水平。然后，经由合理的计算处理得出样本家庭数字不平等水平。最后，从区域、城乡角度进一步直观反映家庭数字不平等的差异。

6.1 数据说明与描述性统计

数据来源于中国家庭追踪调查 2018 年数据库，数据来源具有权威性和科学性，涉及的样本区域广泛、变量丰富，适于本书的研究。根据数字不平等指标体系，结合 CFPS 中家庭经济数据库和个人数据库进行数据的清洗和处理。

6.1.1 数据说明

中国家庭追踪调查数据库从家庭和个体层面反映社会经济的发展，其全国性、综合性和科学性得到学界广泛认可，为大量学术研究和政策研究提供了宝贵的数据信息，也是本书展开数字不平等统计测度和分析研究的数据基础。根据数字不平等指标体系，从 2018 年 CFPS 个人数据库和家庭经济数据库中清洗指标变量，最终为 23 个指标筛选出 24 个变量，见表 6.1。

其中，由接入沟层面 4 个指标筛选出 4 个变量，分别反映个体拥有移动电话和使用移动电话的情况、是否使用电脑上网和业余上网时间。对"是否使用手机"、"是否使用移动设备联网"和"是否使用电脑联网"，数据处理采用 0、1 赋值法，否为 0、是为 1。

群体基础层面包含 3 个指标，从数据库中筛选出 4 个变量，分别是个人认为通过互联网获取信息的重要性、所处的教育阶段、最高学历和城乡分类。个体对互联网认知程度取值为 1~5，数值越大表示认知水平越高。文化水平取值范围为 0~9，数值越大表示文化水平越高。考虑到个体存在正在接受教育和已毕业两种情况，将正在接受教育的个体文化水平默认为所处的教育阶段。对于样本的城乡区别，采用赋值法将乡村取值为 0、城镇取值为 1。

使用沟中对 7 个指标筛选处理了 7 个变量，包括个体学习、工作、社交、娱乐、商业、购物和电子邮件的使用情况。对前 5 个变量数据的处理统一采取非 0 值取倒数（0 值为 0），数字越大表明该个体使用越频繁。对网络购物花费采取原数据加 1 后取对数处理，每周登录邮箱天数取值为 0~7，数值越大表示网购和电子邮箱使用越频繁。

表 6.1 数字不平等变量指标描述及数据处理

层面	指标	变量描述	处理
接入沟	移动电话	是否使用移动电话（手机）	否为 0，是为 1
	移动设备联网	是否使用移动设备联网	否为 0，是为 1
	固定设备联网	是否使用电脑联网	否为 0，是为 1
	上网机会	业余上网时间（h/周）	原数据加 1 后取对数
群体基础	互联网认知	通过互联网获取信息的重要性	取值为 1~5
	文化水平	所处的教育阶段	正在接受教育者默认所处的教育阶段为该样本的文化水平
		最高学历	
	所在地区（城乡）	基于国家统计局资料的城乡分类	乡村为 0，城镇为 1
使用沟	学习	使用互联网学习的频率（次/天）	0 值为 0，非 0 值取倒数
	工作	使用互联网工作的频率（次/天）	0 值为 0，非 0 值取倒数
	社交	使用互联网社交的频率（次/天）	0 值为 0，非 0 值取倒数
	娱乐	使用互联网娱乐的频率（次/天）	0 值为 0，非 0 值取倒数
	商业	互联网商业活动的频率（次/天）	0 值为 0，非 0 值取倒数
	购物	网络购物花费（元/年）	原数据加 1 后取对数
	电子邮件	每周登录邮箱几天（天/周）	取值为 0~7（天/周）

续表

层面	指标	变量描述	处理
数字环境基础	手机费用	每月的手机费用大概是多少	原数据加1后取对数
	手机费用报销	手机费用中有多少由单位支付/报销	原数据加1后取对数
	家庭收入	家庭过去12个月总收入（元/年）	原数据加1后取对数
	家庭消费支出	家庭过去12个月总支出（元/年）	原数据加1后取对数
	家庭通信费用	家庭每月通信费（元/月）	原数据加1后取对数
	电费	家庭每月电费（元/月）	原数据加1后取对数
	政府补助	政府补助总额（元/年）	原数据加1后取对数
	社会捐助	收到的社会捐助总额（元/年）	原数据加1后取对数
	离退休/养老金	离退休/养老金总额（元/年）	原数据加1后取对数

数字环境基础包含9个指标，筛选处理了包括个人和家庭两方面的9个变量，统一采取原数据加1后取对数的数据处理方式，以避免多个变量的数据量级差异。

6.1.2 描述性统计

根据数字不平等指标体系筛选提取出24个变量，经数据处理和筛除不合格数据，最终得到23个指标29 671个样本，具体指标数据描述性统计见表6.2。其中，移动电话指标均值为0.89，表明社会大多数个体使用移动电话，符合社会实际。虽然大多数人使用手机，但只有约一半的人（0.52）使用包含手机在内的移动设备联网。使用固定设备联网的均值更小，只有0.22。上网机会取值范围为0～5.13，均值为1.23，均值相对最大值偏低。互联网认知取值范围为1～5，均值为2.89，均值相对最大值偏低。文化水平取值范围为0～9，均值为2.18，均值相对最大值偏低，表明整体文化水平偏低。城乡的均值为0.49，表明样本的城乡分布均衡。

在使用沟层面的学习、工作、社交、娱乐和商业指标取值范围为0～1，数值越大表明个体使用互联网从事该活动的频率越高。对比这五项指标的均值可发现，整体使用最频繁的是社交和娱乐，这两项活动的均值明显高于其他三项活动，学习均值为0.17，工作为0.15，商业为0.14。购物的取值范围为0～14.91，均值为2.55，方差为3.70，整体数据在费用类指标中离散程度较大。电子邮件的均值为0.41，方差为1.36，可以较好地反映出个体之间使用电子邮件频率的差异。

表6.2 数字不平等指标数据描述性统计（$N=29\ 671$）

指标	均值	方差	最小值	最大值
移动电话	0.89	0.32	0	1
移动设备联网	0.52	0.50	0	1
固定设备联网	0.22	0.41	0	1
上网机会	1.23	1.33	0	5.13
互联网认知	2.89	1.63	1	5
文化水平	2.18	2.44	0	9
城乡	0.49	0.50	0	1
学习	0.17	0.31	0	1
工作	0.15	0.33	0	1
社交	0.39	0.45	0	1
娱乐	0.34	0.42	0	1
商业	0.14	0.24	0	1
购物	2.55	3.70	0	14.91
电子邮件	0.41	1.36	0	7
手机费用	3.41	1.51	0	7.60
手机费用报销	0.16	0.82	0	6.55
家庭收入	10.62	1.30	0	14.51
家庭消费支出	10.24	1.13	0	14.43
家庭通信费用	4.99	1.07	0	8.52
电费	4.46	0.90	0	8.52
政府补助	3.11	3.52	0	11.79
社会捐助	0.08	0.70	0	11.51
离退休/养老金	3.42	4.36	0	12.72

在数字环境基础层面，9个指标中既有个体经济数据也有家庭经济数据。手机费用指标取值范围为0～7.60，均值为3.41，方差为1.51。手机费用报销取值范围为0～6.55，均值为0.16，方差为0.82。家庭收入取值范围为0～14.51，均值为10.62，方差为1.30。家庭消费支出取值范围为0～14.43，均值为10.24，方差为1.13。家庭通信费用取值范围为0～8.52，均值为4.99，方差为1.07。家庭电费取值范围为0～8.52，均值为4.46，方差为0.90。政府补助取值范围为0～11.79，均值为3.11，方差为3.52。社会捐助取值范围为0～11.51，均值为

0.08，方差为 0.70。离退休/养老金取值范围为 0～12.72，均值为 3.42，方差为 4.36。

6.2 统计方法选择和模型构建

依据数字不平等指标体系，筛选处理 2018 年 CFPS 数据库数据，分析指标数据统计特征，选择合适的数字不平等统计测度方法。初步筛选后，研究数据共涉及全国 31 个省、市、区（除港澳台地区以外），29 671 个样本个体，12 487 个家庭，23 个指标。由于研究区域广泛，研究数据领域跨度大，为保证最终测度结果的客观性、规范性和可比性，选取经典的主成分分析法全面、系统地分析我国数字不平等现象，构建数字不平等线性转换模型，以降维处理数据，进行实证分析。

6.2.1 统计方法选择

采用评价经济社会发展的经典统计方法主成分分析法，分析处理接入沟、群体基础、使用沟和数字环境基础四个层面的数字不平等指标，研究我国 31 个省区市的样本多个变量之间的相关性问题。主成分分析法作为经典的数据集特征提取统计工具，可在将多维数据降维的同时尽可能多地包含原始数据信息，重新组成一组包含原始变量信息且具有代表性的综合性指标。主成分分析过程中，经过线性变换，从 23 个指标中提取出一组新的互不相关的主成分，并最大限度地保留原始信息，用于进一步计算综合性评价指标。为保证分析的数据量纲和数量级一致，在进行主成分分析之前对接入沟、群体基础、使用沟和数字环境基础的各项数据进行了预处理，确保数据及分析结果更加规范、科学、有效。

为全面、客观地分析研究问题，往往选取多个相关变量，每个变量都在不同程度上反映所研究问题的某些重要信息。然而，在实际应用中，变量的增多会增加研究的复杂性。因此，为从较少的变量中得到较多的信息，统计学家 K. 皮尔森首先在非随机变量中采用主成分分析法进行处理，后由 H. 霍特林应用到随机变量处理中。❶

在全国数字不平等的研究中，为了全面、系统地分析问题，通常会考虑多个

---

❶ JOLLIFFE I T. Principal component analysis [M]. Second edition. New York：Springer-Verlag New York Inc，2002.

维度的众多指标。每个维度包含不同的指标，各个指标在不同程度上反映了全国的数字不平等状况，但指标之间的相关性会造成统计数据反映的信息重叠。解决指标之间的信息重叠问题，简化原有指标体系框架，在实践中应用最多、效果最好。在主成分分析法中，综合因子的权重并非人为主观赋予，而是由其自身的贡献率决定。因此，综合因子的结果更具有说服力。在进行定量分析的过程中，为了满足用尽可能少的变量保留绝大多数信息的要求，往往采用主成分分析法达到预期的效果。

除此之外，主成分分析法还具有很多优势。首先，运用主成分分析法进行分析时，可以有效地消除数字不平等同一维度中各指标之间的相关影响。主成分分析法在对原指标变量进行变换后形成了彼此相互独立的主成分。其次，运用时序全局主成分分析法可以有效地提取出少数几个综合指标，从而减少了变量的计算量，降低了数字不平等测度各方面的复杂性。最后，在综合评价函数中，数字化水平测度主成分的权重为其贡献率，反映了该主成分包含原始数据的信息量占全部信息量的比重，据此确定的权重是客观的、合理的。

6.2.2 模型构建

对研究样本的数据进行整理，得到数据集为 $X = (x_{ij})_{31 \times 23}$，其中 $i = 1, 2, \cdots, 31; j = 1, 2, \cdots, 23$。为将 23 个原始变量通过线性变换转换成一组互不相关的变量，构建如下数字化水平线性转换模型：

$$\begin{cases} F_1 = u_{11} h_1 + u_{12} h_2 + \cdots + u_{1,23} h_{23} \\ F_2 = u_{21} h_1 + u_{22} h_2 + \cdots + u_{2,23} h_{23} \\ \quad \vdots \\ F_{31} = u_{31,1} h_1 + u_{31,2} h_2 + \cdots + u_{31,23} h_{23} \end{cases} \quad (6\text{-}1)$$

$$\boldsymbol{U} = (u_1, u_2, \cdots, u_{31})$$

$$\boldsymbol{H} = (h_1, h_2, \cdots, h_{23})$$

其中，F 为原始变量经过线性组合形成的各主成分指标；U 是协方差矩阵的第 j 大特征值（λ_j）对应的正交单位化特征向量；H 为原始变量。其中，特征值 λ_j（$\lambda_1 \geqslant \lambda_2 \geqslant \cdots \geqslant \lambda_{23}$）和对应的正交单位化特征向量 u_j 由协方差矩阵 $Q = \text{cov}(X)$ 通过特征方程 $|\lambda_j \boldsymbol{E} - \boldsymbol{Q}| = 0$ 求得。各主成分包含信息的多少通常用其方差大小衡量，方差越大其包含的原始信息越多。

$$\mathrm{var}(F_j) = E[F_j - E(F_j)]^2 \tag{6-2}$$

$\mathrm{var}(F_j)$ 越大，F_j 包含的原始信息越多。在所有主成分中方差最大的称为第一主成分，即 $\mathrm{var}(F_1) \geqslant \mathrm{var}(F_2) \geqslant \cdots \geqslant \mathrm{var}(F_{12})$。

从测度数字不平等的 23 个原始变量中提取各主成分，其方差贡献率和累计方差贡献率反映各主成分包含的原始数据的信息量占全部信息量的比重。计算协方差矩阵 $\boldsymbol{Q}$ 的特征值 λ_j 及对应的特征向量 $\boldsymbol{\mu}_j$，得到第 j 个主成分的方差贡献率为

$$a_j = \frac{\lambda_j}{\sum_{j=1}^{23} \lambda_j} \tag{6-3}$$

则累计方差贡献率为

$$a_1 + a_2 + \cdots + a_m = \frac{\sum_{j=1}^{m} \lambda_j}{\sum_{j=1}^{23} \lambda_j} \tag{6-4}$$

根据主成分提取原则计算出对应的主成分 $F_1, F_2, \cdots, F_m$，使累计方差贡献率大于等于提取标准值 ($0 < m < 23$)。确定主成分，并得出各主成分的因子负荷矩阵，以有效地消除指标之间的相关影响，形成彼此相互独立的主成分。此时，两两相互独立的主成分之间有

$$E(F_k F_s) = E(F_k) E(F_s) \quad (k \neq s, k、s \in j) \tag{6-5}$$

各主成分之间两两总体误差为 0，即协方差为 0：

$$\begin{aligned}
\mathrm{cov}(F_k, F_s) &= E\{[F_k - E(F_k)][F_s - E(F_s)]\} \\
&= E(F_k F_s) - 2E(F_k)E(F_s) + E(F_k)E(F_s) \\
&= E(F_k F_s) - E(F_k)E(F_s) \\
&= E(F_k)E(F_s) - E(F_k)E(F_s) \\
&= 0
\end{aligned}$$

此时，提取的各主成分之间互不相关，各自包含原始变量的不同信息。在各主成分得分的基础上，以各主成分的方差贡献率为权重，计算出样本数字化水平的综合得分。综合得分计算公式如下：

$$F = \frac{\sum_{j=1}^{m} a_j F_j}{\sum_{j=1}^{m} a_j} \tag{6-6}$$

其中，a_j 为第 j 个主成分的方差贡献率，F_j 为第 j 个主成分的得分，F 为综合得分。

数字化水平的综合得分用 F 来标识，综合得分越高，表示该样本数字化水平程度越高。

根据以上主成分分析法处理 23 个指标数据，测度得出数字化水平后再按一定规则输出数字不平等测度结果，整个流程如图 6.1 所示。

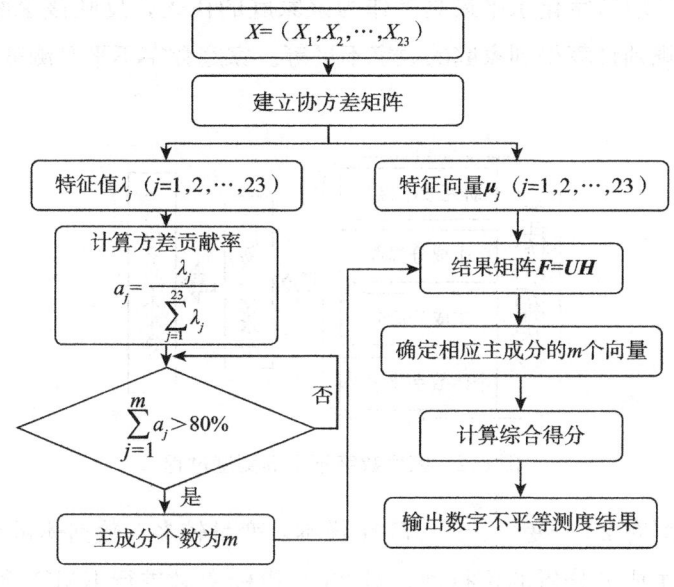

图 6.1　主成分分析流程

6.3　数字不平等的测度结果

数字不平等指标体系反映的是个体的数字化水平，由个体组成的家庭间的数字化水平的差距即家庭数字不平等。筛选、清洗数据库，为判断能否采用主成分分析法分析研究数据，对数据进行 Bartlett 球形检验和 KMO 检验。为保存 23 个指标变量的更多信息，通过数字化水平因子线性转换模型计算特征值、特征向量及各主成分得分，根据因子载荷矩阵确定各主成分包含的原始信息，再根据主成分累计贡献率提取主要数字化水平因子，以提取的主成分方差作为权重指数计算出得分综合水平。

6.3.1　测度过程

数字不平等测度结果反映了研究样本的数字化水平及受数字化水平影响的经

济结果的差距。个体的数字化水平由其享有的数字技术设备和使用程度反映,而家庭的数字化水平涉及多个家庭成员,每个家庭成员扮演的社会角色不同,因此难以简单、统一地给出确切的数值权重量化评价个体对家庭的重要性。为简便度量家庭的数字化水平及受数字化水平影响的经济结果的差距,即家庭的数字不平等,从家庭中抽取数字化水平最高者作为该家庭的代表,反映该家庭的数字化水平,再由一定规则计算得到家庭的数字不平等。家庭数字不平等测度过程如图6.2所示。

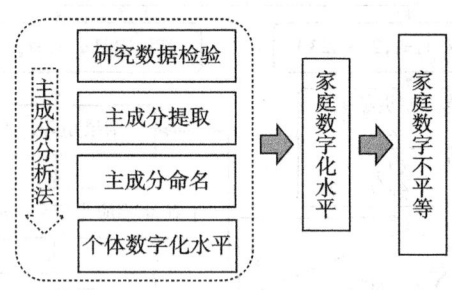

图 6.2　家庭数字不平等测度过程

现研究数据有 23 个变量、29 671 个样本,变量较多、数据体量较大,为检验研究数据进行主成分分析的可行性,对 23 个指标变量进行 KMO 检验和 Bartlett 球形检验,检验结果见表 6.3。

表 6.3　KMO 检验和 Bartlett 球形检验

检验方法	指标	检验结果
KMO 检验	KMO 值	0.913
Bartlett 球形检验	χ^2 值	338 000
	自由度	253
	P 值	0.000

KMO 检验中 KMO 值为 0.913,大于 0.5,表明该数据适合进行主成分分析。Bartlett 球形检验结果在 1% 的水平下显著,服从球形假设,表明 23 个测度指标之间存在多重共线性问题,对研究数据采用主成分分析法科学合理。个体数字化水平主成分解释各变量的总方差情况见表 6.4。

由表 6.4 可知,23 个主成分中特征值大于 1 的有 6 个,累计贡献率大于 75% 至少需要 9 个主成分。因此,针对研究数据特性,用较少的主成分保留较多的原指标数据信息,达到降维的效果,此处不宜以累计贡献率为标准提取主成分,采用特征值（大于1）提取主成分更合适。

表6.4 个体数字化水平主成分解释各变量的总方差情况

主成分序号	特征值	特征值之差	贡献率	累计贡献率
1	7.755 3	5.748 2	0.337 2	0.337 2
2	2.007 1	0.386 4	0.087 3	0.424 5
3	1.620 7	0.255 1	0.070 5	0.494 9
4	1.365 7	0.232 6	0.059 4	0.554 3
5	1.133 1	0.114 8	0.049 3	0.603 6
6	1.018 2	0.111 0	0.044 3	0.647 8
7	0.907 2	0.090 5	0.039 4	0.687 3
8	0.816 7	0.052 5	0.035 5	0.722 8
9	0.764 2	0.104 6	0.033 2	0.756 0
10	0.659 6	0.006 8	0.028 7	0.784 7
11	0.652 9	0.099 3	0.028 4	0.813 1
12	0.553 5	0.021 3	0.024 1	0.837 1
13	0.532 2	0.025 1	0.023 1	0.860 3
14	0.507 2	0.037 9	0.022 1	0.882 5
15	0.469 2	0.001 7	0.020 4	0.902 7
16	0.467 5	0.032 3	0.020 3	0.923 1
17	0.435 2	0.041 6	0.018 9	0.942 0
18	0.393 7	0.131 7	0.017 1	0.959 1
19	0.261 9	0.058 7	0.011 4	0.970 5
20	0.203 2	0.012 2	0.008 8	0.979 3
21	0.191 0	0.035 5	0.008 3	0.987 6
22	0.155 6	0.026 5	0.006 8	0.994 4
23	0.129 0	—	0.005 6	1

其中，第一主成分的特征值为7.755 3，能够解释23个原始指标中33.72%的有效信息，可以涵盖1/3的原始信息，对于个体数字化水平有着重要的代表作用。第二主成分的特征值为2.007 1，贡献率为8.73%，即第二主成分包含8.73%的原始信息。第三主成分和第四主成分的特征值分别为1.620 7和1.365 7，分别解释原始变量总方差的7.05%和5.94%。第五主成分和第六主成分的特征值分别为

1.133 1 和 1.018 2，分别解释原始变量总方差的 4.93% 和 4.43%。因前六个主成分的特征值大于 1，故提取第一至第六主成分用于反映 23 个原有变量的主要信息。

以特征值大于 1 为提取标准，最终提取 23 个主成分中的 6 个主成分。6 个主成分反映 23 个指标变量的信息水平见表 6.5。

表 6.5 提取主成分的因子载荷矩阵

变量	第一主成分	第二主成分	第三主成分	第四主成分	第五主成分	第六主成分	信息损失量
移动电话	0.356 6	0.030 6	0.778 9	0.381 0	−0.072 0	0.070 2	0.109 9
移动设备联网	0.829 1	−0.153 7	0.125 4	−0.269 0	−0.110 3	0.053 4	0.185 8
固定设备联网	0.664 8	−0.027 1	−0.294 4	0.158 1	0.036 7	0.015 7	0.444 1
上网机会	0.849 3	−0.156 9	0.087 2	−0.262 0	−0.117 7	0.064 4	0.159 9
互联网认知	0.741 2	−0.139 1	0.053 9	−0.167 1	−0.036 6	−0.013 8	0.399 0
文化水平	0.707 5	−0.154 7	−0.174 1	−0.074 4	0.091 0	−0.086 6	0.423 9
城乡	0.304 1	0.392 8	−0.157 1	0.179 7	−0.505 4	0.131 8	0.423 5
学习	0.656 7	−0.112 2	−0.229 9	0.078 2	0.050 5	0.024 8	0.494 0
工作	0.653 1	−0.037 7	−0.235 7	0.353 3	0.127 3	−0.032 6	0.374 4
社交	0.846 4	−0.162 1	0.069 7	−0.197 6	−0.085 9	0.048 5	0.203 7
娱乐	0.795 9	−0.156 3	0.063 2	−0.262 7	−0.111 5	0.055 3	0.253 7
商业	0.738 8	−0.095 2	−0.095 2	0.044 6	0.014 8	−0.004 0	0.433 7
购物	0.838 2	−0.127 6	−0.051 4	−0.008 4	0.011 2	0.001 4	0.278 3
电子邮件	0.536 5	−0.008 1	−0.339 2	0.446 6	0.193 6	−0.011 7	0.360 0
手机费用	0.511 9	0.062 8	0.704 3	0.375 6	0.027 7	0.024 5	0.095 5
手机费用报销	0.254 3	0.048 3	−0.161 4	0.505 2	0.274 2	−0.012 0	0.576 4
家庭收入	0.395 3	0.622 5	−0.028 1	−0.116 8	0.135 4	−0.018 0	0.423 2
家庭消费支出	0.379 2	0.628 5	−0.022 7	−0.152 1	0.183 5	−0.001 3	0.403 8
家庭通信费用	0.371 6	0.522 0	0.183 7	−0.186 7	0.327 6	−0.131 4	0.396 2
电费	0.230 0	0.619 5	0.015 5	−0.174 3	0.122 7	−0.028 5	0.516 9
政府补助	−0.244 4	−0.295 5	0.116 5	−0.213 4	0.595 1	0.124 3	0.424 2
社会捐助	−0.044 4	−0.093 9	0.011 6	−0.033 9	0.273 5	0.829 8	0.224 7
离退休/养老金	−0.108 3	0.358 0	−0.176 6	0.056 5	−0.282 7	0.500 6	0.495 2

第一主成分包含移动设备联网、固定设备联网、上网机会、互联网认知、文化水平、学习、工作、社交、娱乐、商业、购物和电子邮件这 12 个指标变量的大部分原始信息，集中反映了个体经互联网从事社会经济活动的情况，因此将第一

主成分命名为"互联网主成分";第二主成分集中反映的指标变量有城乡、家庭收入、家庭消费支出、家庭通信费用和电费,反映的是样本的家庭经济情况,故将第二主成分命名为"家庭经济主成分";第三主成分反映移动电话和手机费用这两个指标变量,当今时代个体借助手机这个工具从事生产生活活动已经成为主流趋势,诸多社会行为都可以以手机为媒介进行线上操作,因此将第三主成分命名为"移动电话主成分";第四主成分测度了手机费用报销的主要信息,这项指标反映第三方对个体手机费用的报销情况,是个体享受的数字福利,故将第四主成分命名为"数字福利主成分";第五主成分测度了政府补助的主要信息,这项指标为家庭接受政府转移支付的情况,反映的是民生保障的基础政策,故将第五主成分命名为"转移支付主成分";第六主成分测度了社会捐助和离退休/养老金的主要信息,这两项指标是社会自发性和政策兜底性民生保障,故将第六主成分命名为"民生保障主成分"。

6.3.2 数字化水平测度

经研究数据检验和主成分分析,最终提取互联网主成分、家庭经济主成分、移动电话主成分、数字福利主成分、转移支付主成分和民生保障主成分六个主成分,并以提取的主成分贡献率作为各主成分的权重,计算个体数字化水平的高低,结果见表 6.6。其中,各主成分均值和方差分别为 0 和 1,这是因为前文在主成分分析时对数据进行了规范化处理。研究数据经主成分分析得到个体数字化水平,样本数量为 29 671 个,最大值为 2.173 3,最小值为 -2.459 2。

表 6.6 数字化水平描述性统计

变量	样本数	均值	方差	最小值	最大值
个体数字化水平	29 671	0	0.565 5	-2.459 2	2.173 3
家庭数字化水平	12 487	0.201 4	0.592 6	-2.459 2	2.173 3
第一主成分	29 671	0	1	-2.252 5	3.074 4
第二主成分	29 671	0	1	-7.042 3	3.825 6
第三主成分	29 671	0	1	-3.921 6	2.133 4
第四主成分	29 671	0	1	-3.571 3	6.478 8
第五主成分	29 671	0	1	-4.907 3	6.135 3
第六主成分	29 671	0	1	-1.495 2	13.129 7

为方便家庭数字不平等结果的测度,从 29 671 个样本中抽取每个家庭中家庭

成员数字化水平最高者作为该家庭的代表,反映该家庭的数字化水平。最终得到家庭数字化水平样本数量12 487个,均值为0.201 4,方差为0.592 6,最大值为2.173 3,最小值为-2.459 2。

6.3.3 数字不平等测度结果

由主成分分析法得到每个家庭数字化水平的测度结果,借鉴已有的数字鸿沟水平研究方法,用2018年当期最大值与各家庭数字化水平的差值和当期最大值与最小值的差值的比值确定家庭间的数字不平等。

$$家庭i数字不平等 = \frac{家庭数字化水平_{max} - 家庭i数字化水平}{家庭数字化水平_{max} - 家庭数字化水平_{min}}$$

为整体把握全国尺度上家庭间的数字不平等,分别从整体、城镇和乡村三个方面计算测度全国家庭数字不平等、城镇家庭数字不平等和乡村家庭数字不平等。

$$城镇家庭j数字不平等 = \frac{城镇家庭数字化水平_{max} - 城镇家庭j数字化水平}{城镇家庭数字化水平_{max} - 城镇家庭数字化水平_{min}}$$

$$乡村家庭k数字不平等 = \frac{乡村家庭数字化水平_{max} - 乡村家庭k数字化水平}{乡村家庭数字化水平_{max} - 乡村家庭数字化水平_{min}}$$

全国家庭数字不平等、城镇家庭数字不平等和乡村家庭数字不平等计算结果见表6.7。其中,全国家庭数字不平等样本量为12 487个,均值为0.425 7,方差为0.127 9,可见家庭间的数字不平等比较明显,该现象在城镇和乡村依然存在。6513个城镇家庭间数字不平等相较于乡村家庭整体略微缓和,城镇家庭数字不平等均值为0.401 8,乡村家庭数字不平等均值为0.434 8。

表6.7 家庭数字不平等描述性统计

变量	样本量	均值	方差	最小值	最大值
全国	12 487	0.425 7	0.127 9	0	1
城镇	6513	0.401 8	0.131 8	0	1
乡村	5974	0.434 8	0.121 9	0	1

6.4 数字不平等的异质性分析

根据数字不平等指标体系,筛选处理2018年CFPS数据库数据,再经相关数据检验,进行主成分分析后得到数字化水平测度结果,经计算得出家庭间的数字不平等测度结果。下文分别对全国家庭数字不平等、城镇家庭数字不平等和乡村家庭数字不平等从测度结果数据特性、各省数据和排名三方面进行综合性分析。

6.4.1 家庭数字不平等

全国家庭研究样本为 12 487 个，为整体把握家庭数字不平等测度结果数据特征，作家庭数字不平等测度结果箱盒图反映数据分布情况，结果如图 6.3 所示。

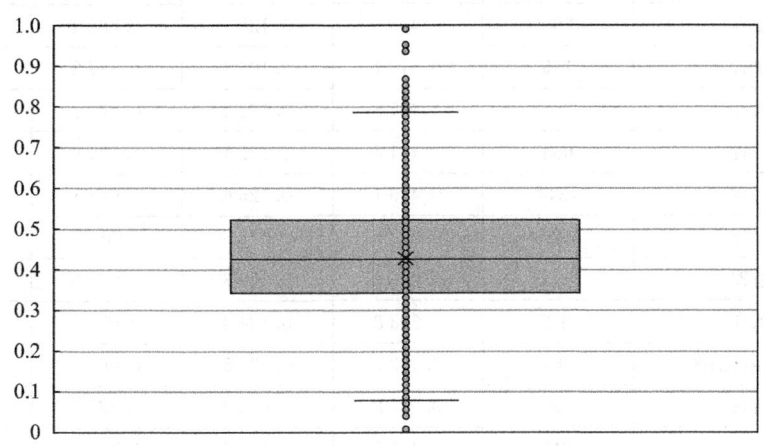

图 6.3 家庭数字不平等测度结果箱盒图

观察图 6.3 中上四分位数和下四分位数，发现 25%～75% 的家庭数字不平等范围为 0.3～0.55，上限为箱盒图内非异常值的最大值不到 0.8，下限为箱盒图内非异常值的最小值不到 0.1。箱盒图中异常值较少，主要集中在较大值一侧，且中位数在 0.4～0.45 之间，故可判定家庭数字不平等测度结果呈现右偏分布。

全国 12 487 个样本家庭数字不平等数据包含 31 个省区市，各省区市家庭数字不平等描述性统计结果见表 6.8。

表 6.8 各省份家庭数字不平等描述性统计

省份	样本量	均值	方差	最小值	最大值
北京市	121	0.337 5	0.123 3	0.117 8	0.702 1
天津市	91	0.373 4	0.128 3	0.119 2	0.727 9
河北省	725	0.447 4	0.122 5	0.119 8	0.828 9
山西省	536	0.444 5	0.115 6	0.084 9	0.958 4
内蒙古自治区	6	0.401 7	0.122 6	0.319 0	0.647 3
辽宁省	1226	0.450 0	0.123 0	0.059 9	0.996 1

续表

省份	样本量	均值	方差	最小值	最大值
吉林省	253	0.466 5	0.109 5	0.177 7	0.732 5
黑龙江省	398	0.438 5	0.103 4	0.139 6	0.851 5
上海市	716	0.369 0	0.153 8	0.002 2	1.000 0
江苏省	238	0.397 8	0.159 8	0.082 9	0.850 9
浙江省	287	0.359 6	0.126 9	0.084 5	0.825 9
安徽省	260	0.409 6	0.128 7	0.082 4	0.829 5
福建省	145	0.413 7	0.106 4	0.177 2	0.767 1
江西省	250	0.437 8	0.121 9	0.079 0	0.935 9
山东省	654	0.461 4	0.135 4	0.084 6	0.873 5
河南省	1344	0.429 1	0.126 6	0.034 1	0.880 6
湖北省	189	0.383 5	0.123 5	0	0.752 5
湖南省	373	0.396 9	0.129 8	0.077 6	0.877 2
广东省	1125	0.393 8	0.134 8	0.058 9	0.868 2
广西壮族自治区	261	0.443 7	0.137 5	0.062 1	0.956 0
海南省	6	0.337 2	0.090 3	0.227 3	0.432 7
重庆市	141	0.434 1	0.145 8	0.120 4	0.789 1
四川省	620	0.445 3	0.117 0	0.099 2	0.794 4
贵州省	362	0.439 3	0.116 4	0.124 8	0.872 5
云南省	369	0.438 4	0.109 0	0.137 2	0.850 5
西藏自治区	3	0.382 5	0.198 3	0.157 3	0.531 0
陕西省	263	0.419 4	0.117 3	0.149 5	0.789 1
甘肃省	1486	0.437 3	0.105 9	0.005 5	0.819 5
青海省	3	0.344 0	0.078 8	0.283 0	0.432 9
宁夏回族自治区	5	0.417 5	0.118 3	0.310 1	0.603 4
新疆维吾尔自治区	31	0.353 5	0.127 0	0.102 3	0.637 9

1) 华北地区 5 个省区市具体情况。北京市包含 121 个家庭样本，最大值为 0.702 1，最小值为 0.117 8，均值为 0.337 5。相较于全国家庭数字不平等均值 0.425 7，北京市家庭间的数字不平等程度低于全国平均水平。天津市包含 91 个家庭样本，最大值为 0.727 9，最小值为 0.119 2，均值为 0.373 4，小于全国家庭数字不平等均值。河北省包含 725 个家庭样本，最大值为 0.828 9，最小值为 0.119 8，均值为 0.447 4，大于全国家庭数字不平等均值，表明河北省家庭间的数字不平等

程度稍高于全国平均水平。山西省包含 536 个家庭样本，最大值为 0.958 4，最小值为 0.084 9，均值为 0.444 5，大于全国家庭数字不平等均值，表明山西省家庭间的数字不平等程度略高于全国平均水平。内蒙古自治区包含 6 个家庭样本，最大值为 0.647 3，最小值为 0.319 0，均值为 0.401 7，小于全国家庭数字不平等均值。

2）东北三省具体情况。辽宁省包含 122 6 个家庭样本，最大值为 0.996 1，最小值为 0.059 9，均值为 0.450 0。吉林省有 253 个家庭样本，最大值为 0.732 5，最小值为 0.177 7，均值为 0.466 5。黑龙江省有 398 个家庭样本，最大值为 0.851 5，最小值为 0.139 6，均值为 0.438 5。从数字不平等均值比较东北三省，可以看出黑龙江省相比于辽宁省和吉林省，家庭间的数字不平等表现相对缓和。相对于全国家庭数字不平等均值 0.425 7 来说，东北三省整体为全国数字不平等程度较严重的区域。

3）华东地区 7 个省市具体情况。上海市包含 716 个家庭样本，均值为 0.369 0，最大值为 1.000 0，最小值为 0.002 2，表明上海市家庭间的数字不平等极端差异较大。江苏省有 238 个家庭样本，最大值为 0.850 9，最小值为 0.082 9，均值为 0.397 8。浙江省包含 287 个家庭样本，最大值为 0.825 9，最小值为 0.084 5，均值为 0.359 6。可以看出，上海市、江苏省和浙江省的数字不平等均值都小于全国数字不平等均值，表明这两省一市整体数字不平等程度比较缓和。安徽省有 260 个家庭样本，最大值为 0.829 5，最小值为 0.082 4，均值为 0.409 6，小于全国数字不平等均值。福建省有 145 个家庭样本，最大值为 0.767 1，最小值为 0.177 2，均值为 0.413 7，小于全国数字不平等均值。江西省包含 250 个家庭样本，最大值为 0.935 9，最小值为 0.079 0，均值为 0.437 8，大于全国数字不平等均值。山东省有 654 个家庭样本，最大值为 0.873 5，最小值为 0.084 6，均值为 0.461 4，大于全国数字不平等均值。

4）华中 3 省具体情况。河南省有 134 4 个家庭样本，最大值为 0.880 6，最小值为 0.034 1，均值为 0.429 1，可以看出河南省数字不平等极端差异较大，且整体数字不平等程度比较严重。湖北省有 189 个家庭样本，均值为 0.383 5，表明整体数字不平等程度比较缓和；最大值为 0.752 5，最小值为 0，表明湖北省某样本家庭在全国样本家庭中数字化水平最高，家庭数字不平等现象未体现在该样本家庭上。湖南省有 373 个家庭样本，最大值为 0.877 2，最小值为 0.077 6，均值为 0.396 9，小于全国数字不平等均值，表明整体数字不平等程度比较缓和。

5）华南地区 2 省 1 区具体情况。广东省有 1125 个家庭样本，最大值为 0.868 2，最小值为 0.058 9，均值为 0.393 8，小于全国数字不平等均值，表明整体数字不平等程度比较缓和。广西壮族自治区有 261 个家庭样本，最大值为 0.956 0，最小值为 0.062 1，表明家庭间数字不平等极端差异较大；均值为 0.443 7，大于全国数字不平等均值，表明整体数字不平等程度比较严重。海南省有 6 个家庭样本，最大值为 0.432 7，最小值为 0.227 3，均值为 0.337 2。

6）西南地区 5 个省区市具体情况。重庆市有 141 个家庭样本，最大值为 0.789 1，最小值为 0.120 4，均值为 0.434 1，大于全国数字不平等均值。四川省有 620 个家庭样本，最大值为 0.794 4，最小值为 0.099 2，均值为 0.445 3。贵州省有 362 个家庭样本，最大值为 0.872 5，最小值为 0.124 8，均值为 0.439 3。云南省有 369 个家庭样本，最大值为 0.850 5，最小值为 0.137 2，均值为 0.438 4。西藏自治区有 3 个家庭样本，最大值为 0.531 0，最小值为 0.157 3，均值为 0.382 5。可以发现，重庆、四川、贵州和云南的数字不平等均值都大于全国数字不平等均值 0.425 7，且这三省一市之间的最大值差距不超过 0.1，最小值差距不超过 0.04，均值也比较相近，可见该区域的数字不平等程度比较均衡。

7）西北地区 3 省 2 区具体情况。陕西省有 263 个家庭样本，最大值为 0.789 1，最小值为 0.149 5，均值为 0.419 4。甘肃省有 1486 个家庭样本，最大值为 0.819 5，最小值为 0.005 5，均值为 0.437 3。可以看出，甘肃省家庭数字不平等极端值差异较大，且整体数字不平等程度比较严重。青海省有 3 个家庭样本，最大值为 0.432 9，最小值为 0.283 0，均值为 0.344 0。宁夏回族自治区有 5 个家庭样本，最大值为 0.603 4，最小值为 0.310 1，均值为 0.417 5。新疆维吾尔自治区有 31 个家庭样本，最大值为 0.637 9，最小值为 0.102 3，均值为 0.353 5。

分析 31 个省区市家庭样本的数字不平等测度结果，可以发现各省区市情况多样，既有区域内呈现相似性的情况，如东北三省和西南三省一市，也有区域内存在较大的差距的情况，如华北地区和华东地区。为进一步比较各省份家庭数字不平等的情况，根据各省份家庭数字不平等测度结果的均值排名，均值越大代表该省份家庭数字不平等情况越严重，排名越靠后。为兼顾排名的科学合理性，考虑到各省份研究样本量的差异，不对样本量小于 50 个的 6 个省区进行排名，结果见表 6.9。

由表 6.9 可以看出，25 个省区市中，均值小于全国家庭数字不平等均值 0.425 7 的有 11 个。其中，前五名分别为北京市、浙江省、上海市、天津市和湖北省，后五名分别为四川省、河北省、辽宁省、山东省和吉林省。从均值看，各省区市均有不同程度的差距，北京市与吉林省的差距最明显。

表 6.9 各省份家庭数字不平等均值排名

综合排名	省份	均值	综合排名	省份	均值
1	北京市	0.337 5	17	黑龙江省	0.438 5
2	浙江省	0.359 6	18	贵州省	0.439 3
3	上海市	0.369 0	19	广西壮族自治区	0.443 7
4	天津市	0.373 4	20	山西省	0.444 5
5	湖北省	0.383 5	21	四川省	0.445 3
6	广东省	0.393 8	22	河北省	0.447 4
7	湖南省	0.396 9	23	辽宁省	0.450 0
8	江苏省	0.397 8	24	山东省	0.461 4
9	安徽省	0.409 6	25	吉林省	0.466 5
10	福建省	0.413 7	—	海南省	0.337 2
11	陕西省	0.419 4	—	青海省	0.344 0
12	河南省	0.429 1	—	新疆维吾尔自治区	0.353 5
13	重庆市	0.434 1	—	西藏自治区	0.382 5
14	甘肃省	0.437 3	—	内蒙古自治区	0.401 7
15	江西省	0.437 8	—	宁夏回族自治区	0.417 5
16	云南省	0.438 4	—	—	—

6.4.2 城镇家庭数字不平等

城镇家庭研究样本为 6513 个，为整体把握城镇家庭数字不平等测度结果数据特征，作城镇家庭数字不平等测度结果箱盒图反映数据分布情况，结果如图 6.4 所示。观察图 6.4 中上四分位数和下四分位数，发现 25%～75% 的城镇家庭数字不平等范围为 0.3～0.5，上限为箱盒图内非异常值的最大值不到 0.8，下限为箱盒图内非异常值的最小值不大于 0.05。箱盒图中异常值较少，主要集中在较大值一侧，且中位数约为 0.4，故可判定城镇家庭数字不平等测度结果也呈右偏分布。

全国城镇 6513 个样本家庭数字不平等数据包含 31 个省区市，各省区市家庭数字不平等描述性统计见表 6.10。

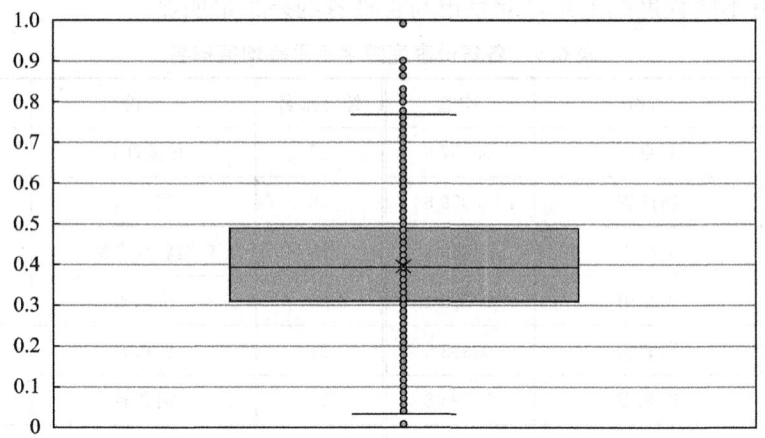

图 6.4 城镇家庭数字不平等测度结果箱盒图

表 6.10 各省份城镇家庭数字不平等描述性统计

省份	样本量	均值	方差	最小值	最大值
北京市	104	0.351 3	0.130 2	0.122 9	0.732 6
天津市	62	0.348 3	0.123 9	0.124 4	0.759 5
河北省	309	0.418 3	0.122 2	0.125 0	0.847 9
山西省	205	0.420 2	0.119 2	0.088 6	1.000 0
内蒙古自治区	4	0.451 1	0.151 2	0.353 1	0.675 5
辽宁省	671	0.431 7	0.125 5	0.062 5	0.863 6
吉林省	127	0.456 8	0.118 7	0.185 5	0.733 3
黑龙江省	303	0.440 9	0.107 2	0.145 6	0.803 6
上海市	647	0.377 8	0.159 3	0.002 3	0.849 4
江苏省	170	0.412 9	0.171 2	0.086 5	0.887 9
浙江省	186	0.354 9	0.123 0	0.104 2	0.678 6
安徽省	168	0.409 4	0.133 5	0.085 9	0.865 5
福建省	64	0.397 8	0.100 9	0.189 3	0.641 7
江西省	85	0.397 2	0.122 1	0.082 5	0.828 9
山东省	315	0.424 5	0.136 1	0.088 3	0.836 6
河南省	639	0.393 2	0.123 9	0.035 6	0.791 7
湖北省	127	0.372 7	0.131 1	0	0.785 1
湖南省	268	0.396 1	0.132 6	0.103 5	0.805 8

续表

省份	样本量	均值	方差	最小值	最大值
广东省	692	0.3701	0.1389	0.0614	0.9059
广西壮族自治区	110	0.4087	0.1141	0.0653	0.6898
海南省	5	0.3319	0.0901	0.2371	0.4451
重庆市	73	0.4111	0.1513	0.1256	0.8234
四川省	268	0.4217	0.1227	0.1121	0.8136
贵州省	109	0.3995	0.1167	0.1302	0.6901
云南省	124	0.4041	0.1010	0.1431	0.6118
西藏自治区	3	0.3991	0.2070	0.1641	0.5541
陕西省	136	0.3858	0.1048	0.1560	0.6776
甘肃省	504	0.4121	0.1103	0.0057	0.7821
青海省	3	0.3589	0.0822	0.2953	0.4517
宁夏回族自治区	5	0.4357	0.1234	0.3235	0.6296
新疆维吾尔自治区	27	0.3468	0.1203	0.1068	0.5562

1) 华北地区5个省区市具体情况。北京市包含104个城镇家庭样本，最大值为0.7326，最小值为0.1229，均值为0.3513，小于全国城镇家庭数字不平等均值0.4018，表明北京市城镇家庭间的数字不平等程度低于全国平均水平。天津市包含62个城镇家庭样本，最大值为0.7595，最小值为0.1244，均值为0.3483，小于全国城镇家庭数字不平等均值。河北省包含309个城镇家庭样本，最大值为0.8479，最小值为0.1250，均值为0.4183，大于全国城镇家庭数字不平等均值。山西省包含205个城镇家庭样本，最大值为1.0000，最小值为0.0886，均值为0.4202，表明山西省城镇家庭间的数字不平等程度略高于全国平均水平。山西省的最大值体现了样本家庭数字不平等程度较高。内蒙古自治区包含4个城镇家庭样本，最大值为0.6755，最小值为0.3531，均值为0.4511。

2) 东北三省具体情况。辽宁省、吉林省和黑龙江省共有1101个城镇家庭样本，其均值都大于全国城镇家庭数字不平等均值0.4018，表明东北三省城镇家庭间的数字不平等程度比较严重，三省内极端值差距最大的是辽宁省。

3) 华东地区具体情况。华东地区包含上海市、江苏省、浙江省、安徽省、福建省、江西省和山东省7个省市，共计1635个城镇家庭样本，其中城镇数字不平等均值小于全国城镇家庭数字不平等均值的有上海市、浙江省、福建省和江西省。观察各省极端值可以发现，极端值差距最大的为上海市，极端值差距最小的是福建省，表明上海市和福建省城镇家庭数字不平等情况相对缓和，但从极端值看福建省优于上海市。

4）华南地区 2 省 1 区具体情况。广东省有 692 个城镇家庭样本，均值为 0.370 1，小于全国城镇家庭数字不平等均值；最大值为 0.905 9，最小值为 0.061 4，可见其极端值差距较大。广西壮族自治区有 110 个城镇家庭样本，最大值为 0.689 8，最小值为 0.065 3，均值为 0.408 7，略大于全国城镇家庭数字不平等均值。海南省仅有 5 个城镇家庭样本，最大值为 0.445 1，最小值为 0.237 1，均值为 0.331 9。

5）华中地区具体情况。华中地区 3 省共有 1034 个城镇家庭样本，数字不平等均值都未超过 0.4，均低于全国城镇数字不平等均值，表明华中地区城镇家庭数字不平等情况相对缓和。其中，湖北省最小值为 0，表明湖北省某样本家庭在全国城镇家庭中数字化水平最高，城镇家庭数字不平等的现象未体现在该样本家庭上。

6）西南地区 5 个省区市具体情况。重庆市有 73 个城镇家庭样本，最大值为 0.823 4，最小值为 0.125 6，均值为 0.411 1，略大于全国城镇家庭数字不平等均值。四川省有 268 个城镇家庭样本，最大值为 0.813 6，最小值为 0.112 1，均值略大于全国城镇家庭数字不平等均值为 0.421 7。贵州省有 109 个城镇家庭样本，最大值为 0.690 1，最小值为 0.130 2，均值为 0.399 5，小于全国城镇家庭数字不平等均值。云南省有 124 个城镇家庭样本，均值为 0.404 1，最大值为 0.611 8，最小值为 0.143 1，极端值差距相对较小。西藏自治区仅有 3 个城镇家庭样本，最大值为 0.554 1，最小值为 0.164 1，均值为 0.399 1。

7）西北地区具体情况。西北地区 3 省 2 区共计有 675 个城镇家庭样本，其中青海省、宁夏回族自治区和新疆维吾尔自治区的研究样本量合计都未超过 50，故不作研究。陕西省有 136 个城镇家庭样本，最大值为 0.677 6，最小值为 0.156 0，均值为 0.385 8，小于全国城镇家庭数字不平等均值。甘肃省有 504 个城镇家庭样本，最大值为 0.782 1，最小值为 0.005 7，均值为 0.412 1。

为进一步比较各省份城镇家庭数字不平等的情况，按照各省份城镇家庭数字不平等测度结果的均值排名，均值越大代表该省份城镇家庭数字不平等情况越严重，排名越靠后。为兼顾排名的科学合理性，考虑到各省份研究样本量的差异，仅对样本量大于 50 的 25 个省区市进行排名，结果见表 6.11。

表 6.11 各省份城镇家庭数字不平等均值排名

综合排名	省份	均值	综合排名	省份	均值
1	天津市	0.348 3	17	甘肃省	0.412 1
2	北京市	0.351 3	18	江苏省	0.412 9
3	浙江省	0.354 9	19	河北省	0.418 3
4	广东省	0.370 1	20	山西省	0.420 2
5	湖北省	0.372 7	21	四川省	0.421 7
6	上海市	0.377 8	22	山东省	0.424 5
7	陕西省	0.385 8	23	辽宁省	0.431 7
8	河南省	0.393 2	24	黑龙江省	0.440 9
9	湖南省	0.396 1	25	吉林省	0.456 8
10	江西省	0.397 2	—	海南省	0.331 9
11	福建省	0.397 8	—	新疆维吾尔自治区	0.346 8
12	贵州省	0.399 5	—	青海省	0.358 9
13	云南省	0.404 1	—	西藏自治区	0.399 1
14	广西壮族自治区	0.408 7	—	宁夏回族自治区	0.435 7
15	安徽省	0.409 4	—	内蒙古自治区	0.451 1
16	重庆市	0.411 1	—	—	—

由表 6.11 可以看出，25 个省区市中，均值小于全国城镇家庭数字不平等均值 0.401 8 的有 12 个。其中，前五名分别为天津市、北京市、浙江省、广东省和湖北省，后五名分别为四川省、山东省、辽宁省、黑龙江省和吉林省。从均值看，各省区市间均有不同程度的差距，天津市与吉林省的差距最明显。

6.4.3 乡村家庭数字不平等

乡村家庭研究样本为 5974 个，为整体把握乡村家庭数字不平等测度结果数据特征，作乡村家庭数字不平等测度结果箱盒图反映数据分布情况，结果如图 6.5 所示。观察图 6.5 中上四分位数和下四分位数，发现大多数乡村家庭数字不平等范围为 0.3~0.5，上限为箱盒图内非异常值的最大值不到 0.8，下限为箱盒图内非异常值的最小值略大于 0.1。箱盒图中异常值较少，比较均匀地集中在两侧，且中位数约为 0.45，故可判定乡村家庭数字不平等测度结果类似于对称分布。

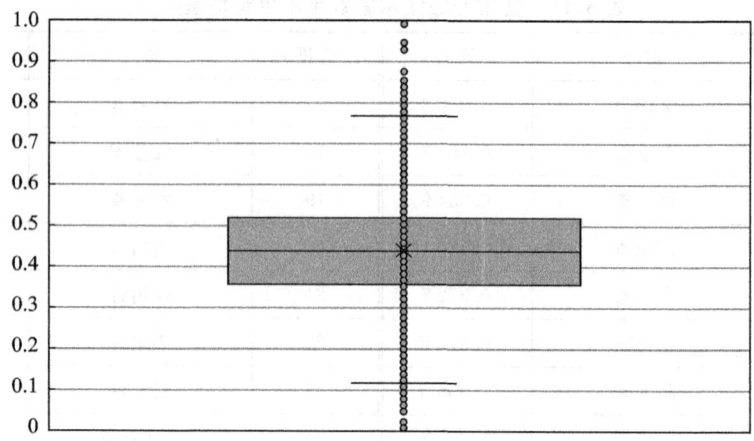

图 6.5　乡村家庭数字不平等测度结果箱盒图

全国乡村 5974 个样本家庭数字不平等数据包含 28 个省区市，各省区市乡村家庭数字不平等描述性统计见表 6.12。

表 6.12　各省份乡村家庭数字不平等描述性统计

省份	样本量	均值	方差	最小值	最大值
北京市	17	0.298 7	0.125 6	0.113 0	0.552 0
天津市	29	0.422 2	0.113 2	0.226 2	0.701 3
河北省	416	0.447 6	0.122 5	0.127 6	0.817 6
山西省	331	0.435 3	0.116 1	0.044 2	0.775 3
内蒙古自治区	2	0.296 8	0.032 4	0.273 9	0.319 8
辽宁省	555	0.460 3	0.118 8	0.119 7	0.995 8
吉林省	126	0.462 1	0.103 5	0.232 8	0.714 8
黑龙江省	95	0.455 8	0.093 9	0.183 4	0.841 7
上海市	69	0.397 3	0.159 8	0.029 9	1.000
江苏省	68	0.363 6	0.159 5	0.075 5	0.723 8
浙江省	101	0.355 5	0.144 4	0.023 9	0.814 4
安徽省	92	0.404 0	0.133 0	0.084 5	0.752 5
福建省	81	0.402 2	0.114 3	0.122 8	0.751 7
江西省	165	0.431 9	0.121 5	0.059 4	0.931 6
山东省	339	0.479 8	0.127 3	0.097 7	0.865 1
河南省	705	0.441 7	0.122 0	0.109 4	0.872 7
湖北省	62	0.400 1	0.106 5	0.074 2	0.580 3
湖南省	105	0.404 1	0.135 1	0.016 5	0.869 0

续表

省份	样本量	均值	方差	最小值	最大值
广东省	433	0.420 3	0.119 6	0.039 5	0.821 2
广西壮族自治区	151	0.447 2	0.153 3	0	0.953 0
海南省	1	0.395 2	—	0.395 2	0.395 2
重庆市	68	0.442 5	0.143 8	0.155 6	0.726 1
四川省	352	0.441 9	0.113 6	0.039 5	0.780 8
贵州省	253	0.428 2	0.117 1	0.131 7	0.864 1
云南省	245	0.428 8	0.112 8	0.088 8	0.840 6
西藏自治区	0	—	—	—	—
陕西省	127	0.437 7	0.118 3	0.095 1	0.775 1
甘肃省	982	0.423 3	0.105 8	0.010 6	0.807 6
青海省	0	—	—	—	—
宁夏回族自治区	0	—	—	—	—
新疆维吾尔自治区	4	0.462 6	0.130 5	0.317 0	0.614 0

1) 华东地区具体情况。华东地区有上海市、江苏省、浙江省、安徽省、福建省、江西省和山东省7个省市，共有915个乡村家庭样本，均值大于全国乡村家庭数字不平等均值0.434 8的仅有山东省，表明其余6个省市的乡村家庭数字不平等情况相对缓和，其中均值最小的是浙江省。观察各省极端值可发现，上海市的最大值为1.000，表明上海市某样本在全国乡村家庭中数字化水平最低，乡村家庭数字不平等完全体现在该样本家庭上。7省市中极端值差距较小的是福建省。

2) 华北地区5个省区市具体情况。北京市包含17个家庭样本，最大值为0.552 0，最小值为0.113 0，均值为0.298 7。从均值看，相较于全国乡村家庭数字不平等均值0.434 8，北京市乡村家庭间的数字不平等程度较低。天津市包含29个乡村家庭样本，最大值为0.701 3，最小值为0.226 2，均值为0.422 2，小于全国家庭数字不平等均值。河北省包含416个乡村家庭样本，最大值为0.817 6，最小值为0.127 6，均值为0.447 6，大于全国家庭数字不平等均值，表明河北省乡村家庭间的数字不平等程度稍高于全国平均水平。山西省包含331个家庭样本，最大值为0.775 3，最小值为0.044 2，均值为0.435 3。内蒙古自治区有2个乡村家庭样本，最大值为0.319 8，最小值为0.273 9。

3) 东北三省具体情况。辽宁省包含555个乡村家庭样本，均值为0.460 3，最大值为0.995 8，最小值为0.119 7，极端值差距较大。吉林省有126个乡村家庭样本，均值为 0.462 1，最大值为 0.714 8，最小值为 0.232 8，极端值差距较大。黑龙江省有 95 个乡村家庭样本，最大值为 0.841 7，最小值为 0.183 4，均值为 0.455 8。可以看出，相较于全国乡村家庭数字不平等均值 0.434 8，东北三省的均值均偏高，表明东北三省乡村家庭数字不平等情况比较严重。

4）华中地区 3 省具体情况。河南省有 705 个乡村家庭样本，最大值为 0.872 7，最小值为 0.109 4，均值为 0.441 7。湖北省有 62 个乡村家庭样本，最大值为 0.580 3，最小值为 0.074 2，均值为 0.400 1。湖南省有 105 个乡村家庭样本，最大值为 0.869 0，最小值为 0.016 5，均值为 0.404 1。湖北省和湖南省均值小于全国乡村家庭数字不平等均值，其乡村家庭数字不平等情况相对缓和。

5）华南地区具体情况。华南地区 2 省 1 区共有 585 个乡村家庭样本，其中海南省仅有 1 个乡村家庭样本，故后文不对其做详细描述。广东省有 433 个乡村家庭样本，最大值为 0.821 2，最小值为 0.039 5，均值为 0.420 3。广西壮族自治区有 151 个乡村家庭样本，最大值为 0.953 0，最小值为 0，表明某样本家庭在全国乡村家庭中数字化水平最高，乡村家庭数字不平等未体现在该样本家庭上。其均值为 0.447 2。

6）西南地区 4 个省市具体情况。重庆市有 68 个乡村家庭样本，最大值为 0.726 1，最小值为 0.155 6，均值为 0.442 5。四川省有 352 个乡村家庭样本，最大值为 0.780 8，最小值为 0.039 5，均值为 0.441 9。贵州省有 253 个乡村家庭样本，最大值为 0.864 1，最小值为 0.131 7，均值为 0.428 2。云南省有 245 个乡村家庭样本，最大值为 0.840 6，最小值为 0.088 8，均值为 0.428 8。可以发现，该地区乡村家庭数字不平等均值在 0.42~0.45 之间，该区域数字不平等程度相似。

7）西北地区具体情况。西北地区 2 省 1 区共计有 1113 个乡村家庭样本，其中新疆维吾尔自治区仅有 4 个乡村家庭样本，故后文不对其做详细描述。陕西省有 127 个乡村家庭样本，最大值为 0.775 1，最小值为 0.095 1，均值为 0.437 7。甘肃省有 982 个乡村家庭样本，最大值为 0.807 6，最小值为 0.010 6，均值为 0.423 3。

为进一步比较各省份乡村家庭数字不平等的情况，根据各省份乡村家庭数字不平等测度结果的均值排名，均值越大代表该省份乡村家庭数字不平等情况越严重，排名越靠后。为兼顾排名的科学合理性，在以均值为排名的基本依据时还要考虑到各省份研究样本量的差异，仅对样本量大于 50 的 23 个省区市进行排名，结果见表 6.13。

表 6.13 各省份乡村家庭数字不平等均值排名

综合排名	省份	均值	综合排名	省份	均值
1	浙江省	0.355 5	17	重庆市	0.442 5
2	江苏省	0.363 6	18	广西壮族自治区	0.447 2
3	上海市	0.397 3	19	河北省	0.447 6
4	湖北省	0.400 1	20	黑龙江省	0.455 8
5	福建省	0.402 2	21	辽宁省	0.460 3
6	安徽省	0.404 0	22	吉林省	0.462 1
7	湖南省	0.404 1	23	山东省	0.479 8
8	广东省	0.420 3	—	内蒙古自治区	0.296 8
9	甘肃省	0.423 3	—	北京市	0.298 7
10	贵州省	0.428 2	—	海南省	0.395 2
11	云南省	0.428 8	—	天津市	0.422 2
12	江西省	0.431 9	—	新疆维吾尔自治区	0.462 6
13	山西省	0.435 3	—	西藏自治区	—
14	陕西省	0.437 7	—	青海省	—
15	河南省	0.441 7	—	宁夏回族自治区	—
16	四川省	0.441 9	—	—	—

由表 6.13 可以看出，23 个省区市中，均值小于全国乡村家庭数字不平等均值 0.434 8 的有 12 个。其中，前五名分别为浙江省、江苏省、上海市、湖北省和福建省，后五名分别为河北省、黑龙江省、辽宁省、吉林省和山东省。从均值看，各省区市间均有不同程度的差距，浙江省与山东省的差距最明显。

第7章 数字不平等的聚类分析

本章将采用聚类分析方法,对全国 31 个省份样本家庭的数字不平等水平进行讨论,最终将数字不平等水平相近的省份划分为同一子类。为使结果更具有客观性、规范性和真实性,将样本家庭数字不平等水平按照城镇和乡村分别进行聚类分析,探讨两种不同的居住环境下哪些省份可划分为相同子类。

7.1 模型构建

个体之间的数字不平等不仅受到性别、年龄和所处阶层的影响,还会受到周围环境的影响。所处环境既指个体日常所处的家庭环境,也指个体身处的地域大环境。

为了进一步探究各家庭、各省份的数字不平等指数,根据个体的数字不平等的测度结果,采用系统聚类分析方法进一步分析。所谓聚类分析,就是指把全部个体的数据按照一定标准分类,分到同一类的个体往往具有较多相似之处,不同聚类的个体存在差异。因此,聚类分析是将所有在某些方面具有一致性的个体进行分类组织的过程,即同类别的个体相似性尽可能高,各类别之间的差异性尽可能高。聚类分析可在无先验知识的条件下根据变量自身特征分类,特征差异较小者为同一类,特征差异较大者为不同类,得出的分类结果即可反映变量特征。本章将从个体数字不平等的测度得分及其异质性分析两个方面对全国 31 个省份进行数字不平等聚类分析与现象解释,进一步比较各家庭、各省份的数字不平等状况。

聚类分析借鉴了数学中建立模型的部分思想。从数据挖掘的角度出发,可以细分为以下四种聚类分析方法:层次聚类、非层次聚类、基于密度的聚类、基于网格的聚类。四种聚类分析方法的具体算法如图 7.1 所示。

第 7 章　数字不平等的聚类分析

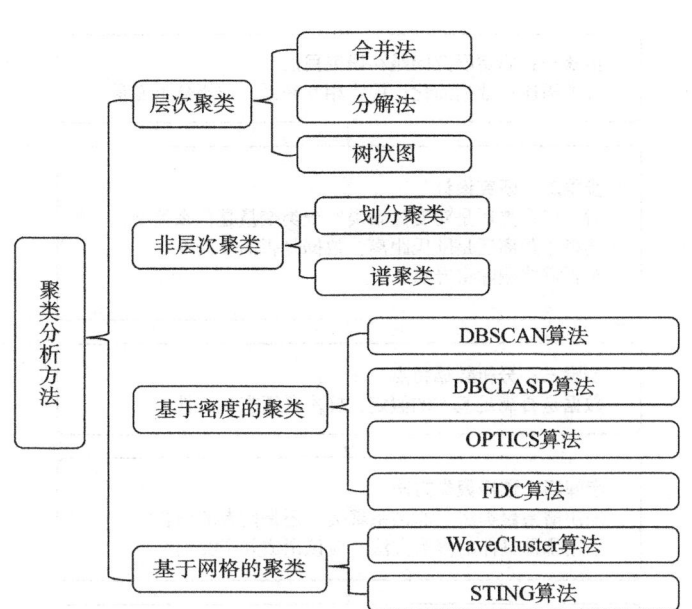

图 7.1　聚类分析方法

其中，层次聚类可按合并法或分解法对数据进行层次分解，合并法是自底向上将研究个体合并为同一类，分解法则是自顶向下将数据集分解为不同类，最后用树状图将数据可视化。非层次聚类是一种自顶向下的聚类划分方法，最终结果可用谱聚类展示。基于密度的聚类（density-based spatial clustering of applications with noise，DBSCAN）算法是一种空间聚类方法；基于概率公布的密度聚类算法（distribution based clustering of large spatial databases，DBCLASD）算法是前一种算法的扩展，主要针对大型的空间数据；基于排序点的聚类（ordering points to identify the clustering structure，OPTICS）算法则是 DBSCAN 算法的改进；FDC 算法适用于空间维度较少的研究数据。基于网格的聚类常用的算法有小波聚类（WaveCluster，WC）算法和统计信息网格（statistical information grid，STING）算法，其中 WaveCluster 算法可以使得研究对象的边界更加清晰，STING 算法基于网格结构有利于并行处理和增量更新，聚类效率很高。

聚类分析需要按照数据的个体特征将数据分类，采用的方法需要根据变量特点和数据样本量选择。聚类分析的流程如图 7.2 所示。

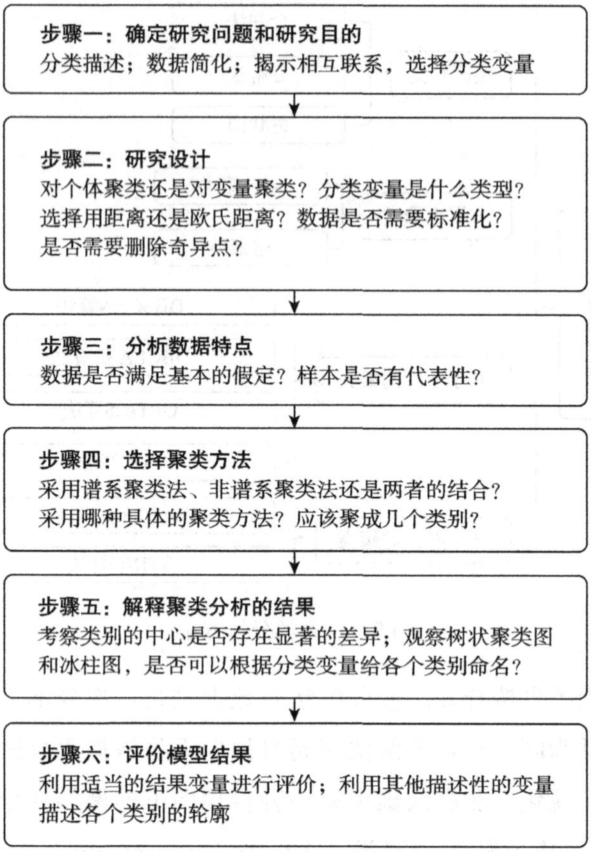

```
步骤一：确定研究问题和研究目的
分类描述；数据简化；揭示相互联系，选择分类变量
          ↓
步骤二：研究设计
对个体聚类还是对变量聚类？分类变量是什么类型？
选择用距离还是欧氏距离？数据是否需要标准化？
是否需要删除奇异点？
          ↓
步骤三：分析数据特点
数据是否满足基本的假定？样本是否有代表性？
          ↓
步骤四：选择聚类方法
采用谱系聚类法、非谱系聚类法还是两者的结合？
采用哪种具体的聚类方法？应该聚成几个类别？
          ↓
步骤五：解释聚类分析的结果
考察类别的中心是否存在显著的差异；观察树状聚类图
和冰柱图，是否可以根据分类变量给各个类别命名？
          ↓
步骤六：评价模型结果
利用适当的结果变量进行评价；利用其他描述性的变量
描述各个类别的轮廓
```

图 7.2　聚类分析的流程

本书试图探讨不同省份在数字不平等上的差异，并将其分为适当的类别。因为需要对数据中的省份变量做聚类，而且事先不知道确定的类别数，故本书关于个体数字不平等的聚类分析采用系统聚类分析方法中的层次聚类法。该方法基于特定的特征进行迭代，将每个个体分配给 K 个类别中的一个，且每个个体到其所属类别的欧氏中心距离最小。系统聚类方法可以判别类别之间存在哪些特征或者用于识别复杂个体集中的未知类别。运用系统聚类方法并且定义类别后，可以轻而易举地将新个体数据成功分配到正确类别。K 均值聚类分析方法的具体步骤如图 7.3 所示。

第 7 章 数字不平等的聚类分析

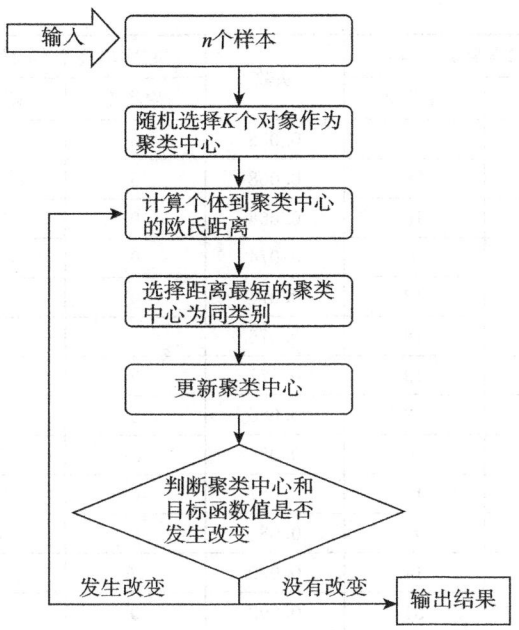

图 7.3 K 均值聚类分析具体步骤

7.2 家庭数字不平等的聚类分析

根据本书数据特征，首先探讨 31 个省份之间各家庭数字不平等的差异关系。在聚类分析过程中，个体数字不平等的数据由第 5 章主成分分析结果得出，不需要进行标准化处理。对于距离的测度，选择使用欧氏距离，聚类方法选择"最近邻元素"，即用两个类别之间的最近点的距离表示两个类别之间的距离。采用系统聚类法处理之后得到家庭数字不平等聚类表，见表 7.1。

表 7.1 家庭数字不平等聚类表

阶段	组合聚类		系数	首次出现聚类的阶段		下一个阶段
	聚类1	聚类2		聚类1	聚类2	
1	17	26	0.033	0	0	25
2	12	20	0.040	0	0	13
3	8	9	0.044	0	0	13
4	28	29	0.056	0	0	7
5	7	10	0.057	0	0	7

续表

阶段	组合聚类		系数	首次出现聚类的阶段		下一个阶段
	聚类1	聚类2		聚类1	聚类2	
6	1	5	0.058	0	0	15
7	7	28	0.068	5	4	9
8	13	16	0.068	0	0	10
9	4	7	0.074	0	7	12
10	3	13	0.074	0	8	14
11	15	18	0.076	0	0	15
12	4	19	0.077	9	0	14
13	8	12	0.085	3	2	16
14	3	4	0.085	10	12	19
15	1	15	0.087	6	11	19
16	2	8	0.088	0	13	17
17	2	14	0.090	16	0	21
18	25	31	0.092	0	0	29
19	1	3	0.092	15	14	20
20	1	22	0.095	19	0	21
21	1	2	0.095	20	17	22
22	1	6	0.096	21	0	23
23	1	11	0.098	22	0	24
24	1	23	0.103	23	0	25
25	1	17	0.109	24	1	26
26	1	21	0.132	25	0	27
27	1	27	0.141	26	0	28
28	1	30	0.153	27	0	29
29	1	25	0.159	28	18	30
30	1	24	0.194	29	0	0

表7.1详细记录了全国31个省份的聚类过程，反映了数字不平等测度得分的分类结果。表中显示数字不平等可以分为两大类：第一大类是辽宁省、天津市等省区或直辖市，其数字不平等测度得分相对较高；第二大类是上海市，其数字不平等测度得分明显低于其他省区或直辖市，说明上海市的数字不平等程度相对较低，上海市的数字经济发展较均衡。

第一大类又可以细分为五个子类：第一个子类是四川省和重庆市，由于所处地理位置接近，这两个地区的数字不平等程度比较接近；第二个子类是浙江省，改革开放以后,得益于国家政策和沿海地区的双重优势,浙江省的数字不平等程度相对较低;第三个子类是西藏自治区,其位于我国西部偏远地区且海拔较高,数字经济发展较缓慢,因此该地区数字不平等程度较高;第四个子类是山东省;第五个子类是辽宁省、天津市及湖北省等 25 个省区或直辖市。整体家庭数字不平等聚类的树状聚类图如图 7.4 所示。

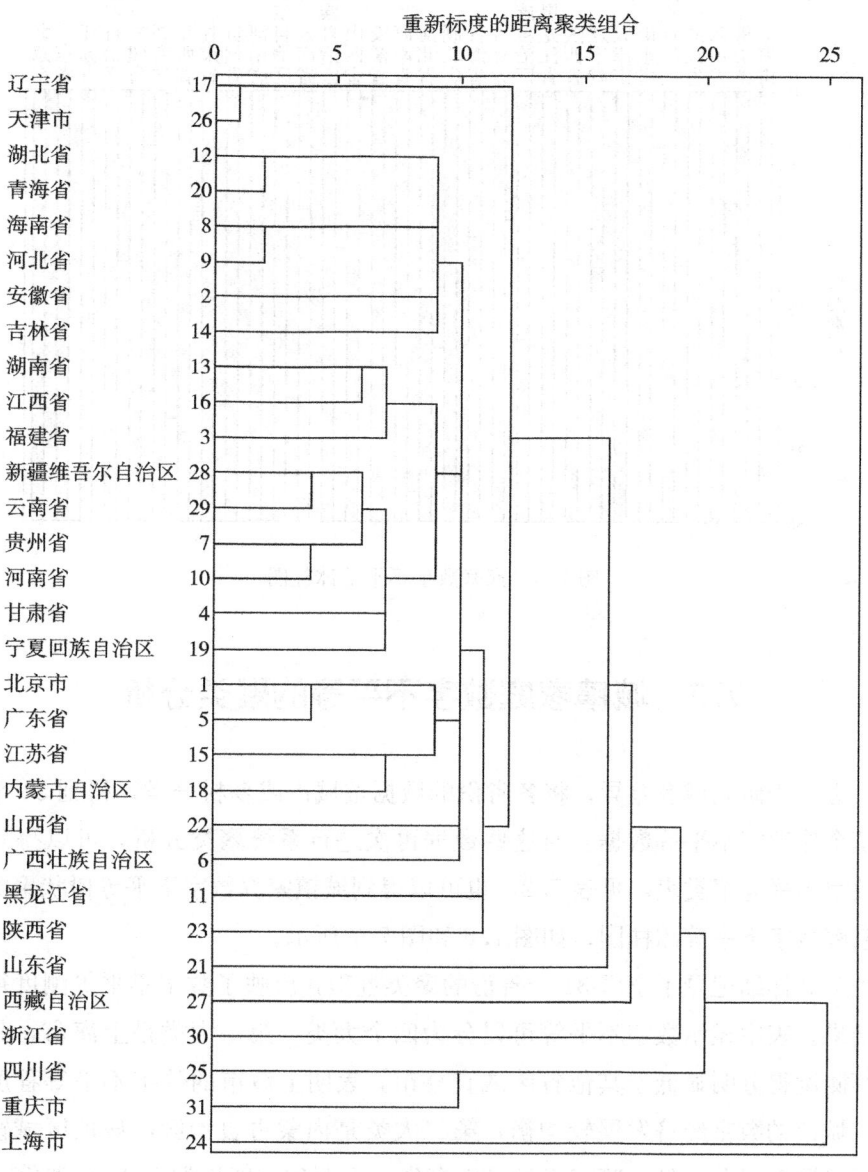

图 7.4 家庭数字不平等树状聚类图

整体家庭数字不平等冰柱图如图 7.5 所示，冰柱图的横轴表示被聚类的变量，纵轴表示聚类数目，即聚成了几类。冰柱图虽然结果与树状图相同，但是可以展示出系统聚类的过程并显示不同类别所属变量的分类结果。

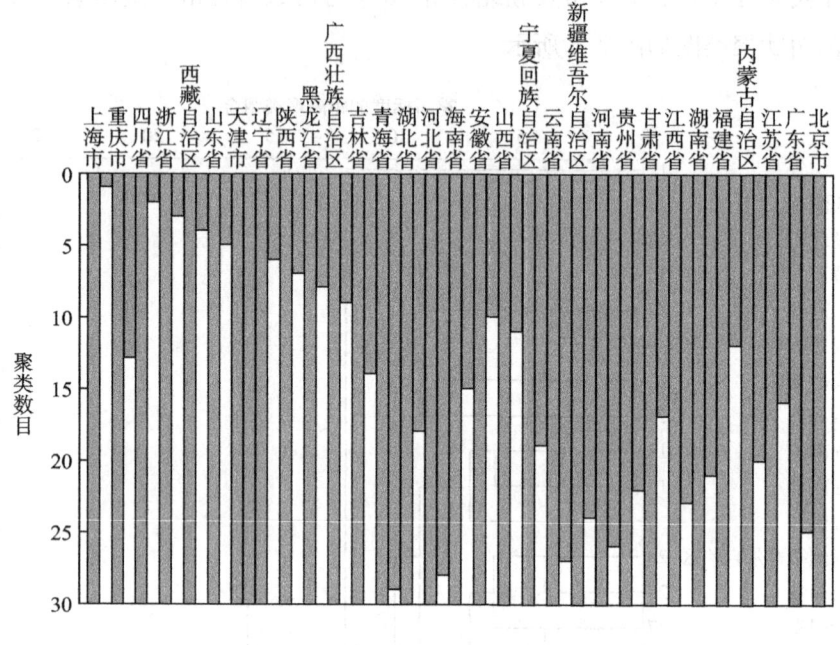

图 7.5　家庭数字不平等冰柱图

7.3　城镇家庭数字不平等的聚类分析

为进一步研究城乡差异，将各省份的数据按城市或乡村分类，得到 31 个省份的城镇个体数字不平等数据。对这些数据再次进行系统聚类分析，可以得到城镇家庭数字不平等聚类表，见表 7.2，也可以得到城镇家庭数字不平等树状聚类图及城镇家庭数字不平等冰柱图，如图 7.6 和图 7.7 所示。

表 7.2 详细记录了全国 31 个省份的聚类过程，反映了数字不平等测度得分的分类结果。表中显示数字不平等可以分为四个大类：第一大类是上海市，其数字不平等测度得分明显低于其他省区或直辖市，表明上海市的数字不平等程度相对较低，城市的数字经济发展较均衡；第二大类是内蒙古自治区，该地区城镇的数字不平等测度得分较低；第三大类是山东省、山西省、四川省等 22 个省份，这 22 个省份城镇数字不平等测度得分在全国处于中等偏下水平，即数字经济发展相对

平衡；第四大类是甘肃省、新疆维吾尔自治区等7个省区，这些地区的城镇数字不平等程度相对较低。

表 7.2 城镇家庭数字不平等聚类表

阶段	组合聚类		系数	首次出现聚类的阶段		下一个阶段
	聚类1	聚类2		聚类1	聚类2	
1	4	28	0.013	0	0	24
2	22	25	0.033	0	0	5
3	12	20	0.042	0	0	9
4	17	26	0.046	0	0	8
5	2	22	0.051	0	2	7
6	5	10	0.052	0	0	13
7	2	8	0.066	5	0	10
8	7	17	0.066	0	4	9
9	7	12	0.077	8	3	14
10	2	3	0.077	7	0	15
11	14	23	0.082	0	0	13
12	6	19	0.086	0	0	22
13	5	14	0.090	6	11	14
14	5	7	0.094	13	9	18
15	2	30	0.094	10	0	17
16	13	31	0.096	0	0	23
17	1	2	0.101	0	15	21
18	5	21	0.102	14	0	19
19	5	11	0.102	18	0	21
20	15	27	0.103	0	0	25
21	1	5	0.104	17	19	22
22	1	6	0.108	21	12	23
23	1	13	0.111	22	16	28
24	4	29	0.130	1	0	27
25	9	15	0.144	0	20	26
26	9	16	0.147	25	0	27
27	4	9	0.147	24	26	28
28	1	4	0.154	23	27	29
29	1	18	0.156	28	0	30
30	1	24	0.194	29	0	0

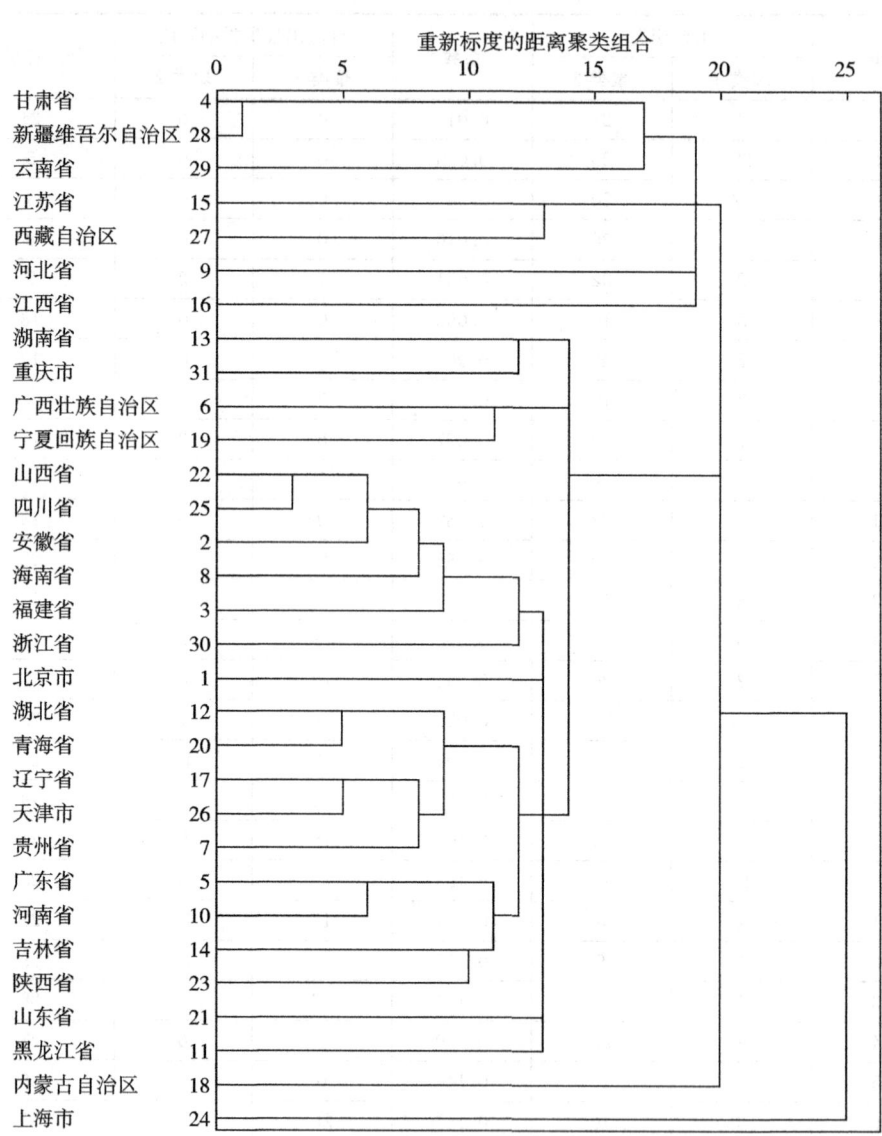

图 7.6　城镇家庭数字不平等树状聚类图

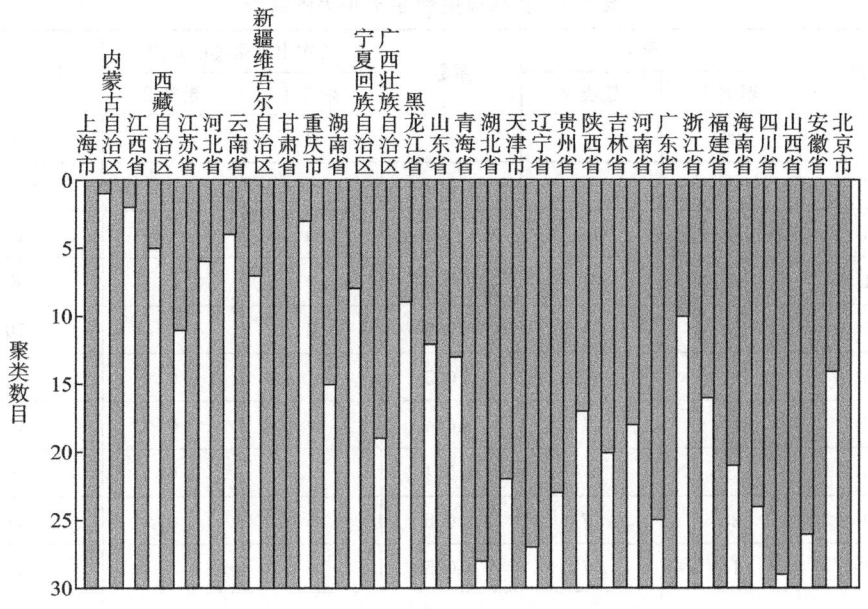

图 7.7 城镇家庭数字不平等冰柱图

7.4 乡村家庭数字不平等的聚类分析

由于部分地区的乡村样本缺失，所以剔除宁夏回族自治区、青海省、西藏自治区这三个地区，最终得到 28 个省份的乡村家庭数字不平等数据。对其进行系统聚类分析，可以得到乡村家庭数字不平等聚类表，见表 7.3，也可以得到乡村家庭数字不平等树状聚类图及乡村家庭数字不平等冰柱图，如图 7.8 和图 7.9 所示。

表 7.3 详细记录了全国 28 个省份的聚类过程，反映了数字不平等测度得分的分类结果。表中显示数字不平等可以分为三大类：第一大类是山西省、陕西省、四川省等 13 个省区或直辖市，这些地区乡村家庭数字不平等测度得分相对较低；第二大类是贵州省、河南省、河北省等 14 个省区，其数字不平等测度得分相对较低；第三大类是上海市，其数字不平等测度得分明显低于其他省区或直辖市，表明上海市乡村的数字不平等程度相对较低，乡村的数字经济发展较均衡。

表 7.3 乡村家庭数字不平等聚类表

阶段	组合聚类		系数	首次出现聚类的阶段		下一个阶段
	聚类1	聚类2		聚类1	聚类2	
1	20	21	0	0	0	6
2	14	19	0.001	0	0	5
3	10	18	0.002	0	0	19
4	5	7	0.002	0	0	8
5	14	25	0.003	2	0	10
6	20	23	0.003	1	0	9
7	17	24	0.004	0	0	10
8	5	9	0.004	4	0	20
9	20	27	0.005	6	0	11
10	14	17	0.005	5	7	13
11	2	20	0.005	0	9	12
12	2	12	0.005	11	0	18
13	14	28	0.007	10	0	23
14	1	15	0.007	0	0	16
15	11	26	0.007	0	0	16
16	1	11	0.009	14	15	19
17	4	16	0.009	0	0	21
18	2	6	0.010	12	0	23
19	1	10	0.010	16	3	20
20	1	5	0.012	19	8	22
21	3	4	0.012	0	17	22
22	1	3	0.019	20	21	24
23	2	14	0.019	18	13	26
24	1	8	0.023	22	0	25
25	1	13	0.051	24	0	26
26	1	2	0.070	25	23	27
27	1	22	0.089	26	0	0

第 7 章 数字不平等的聚类分析

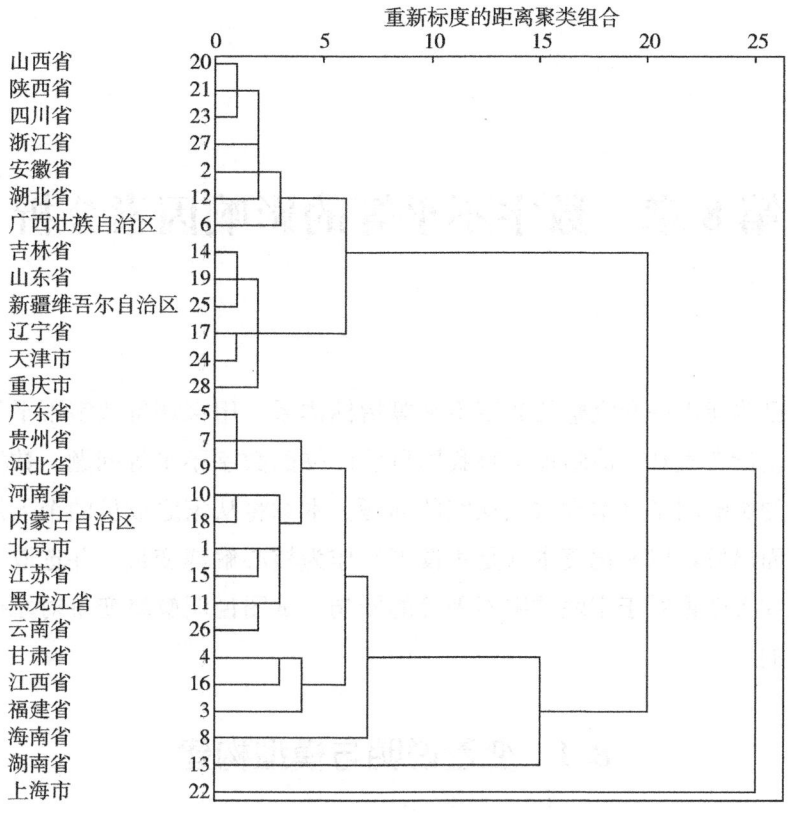

图 7.8 乡村家庭数字不平等树状聚类图

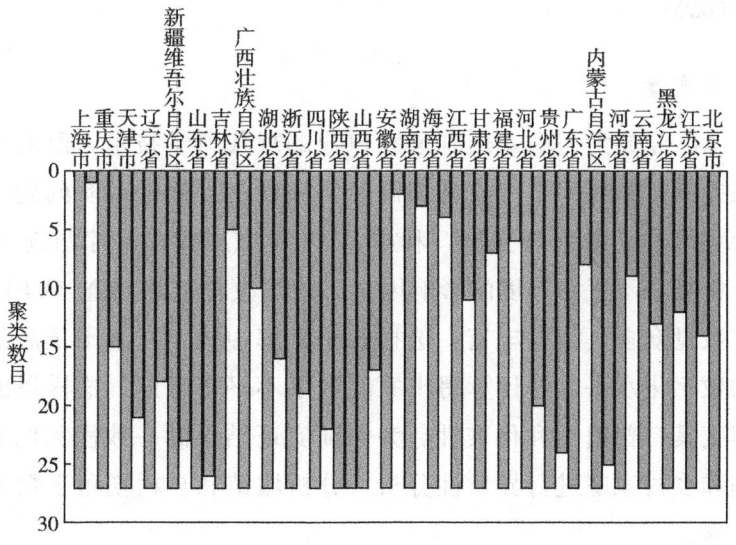

图 7.9 乡村家庭数字不平等冰柱图

第8章 数字不平等的影响因素分析

前文已构建出一套完整的数字不平等指标体系,用来评价数字不平等的发展程度,方便读者直观、清晰地了解我国目前面临的数字不平等问题。数字不平等现状背后的影响因素是本章重点探究的问题。本章将从家庭成员的个人层面和家庭整体层面出发,以文化资本(是否读书)作为核心解释变量,并选取8个控制变量,探究各变量对于家庭数字不平等的影响,试图说明解释变量对家庭数字不平等的影响。

8.1 变量说明与模型构建

8.1.1 变量说明

1. 被解释变量

数字技术已经成为一项渗透到家家户户的现代科学技术,而由于接触和使用程度存在差异,数字不平等成为抑制经济和社会发展的现实问题。本书选取数字不平等程度作为被解释变量,利用2018年中国教育追踪调查(CEPS)微观数据库分析数字不平等程度的影响因素。中国教育追踪调查(CEPS)数据库包含的家庭数量众多、结构丰富,选择每个家庭中数字化水平最高的成员,代表该家庭的数字化水平,经计算得出家庭数字不平等程度,这样得出的家庭数字不平等程度具有普遍性和代表性。为保证实证结果的一致性和稳健性,分别对城镇家庭和乡村家庭进行异质性分析,分析城镇和乡村视角下数字不平等程度的影响因素。

2. 核心解释变量

已有研究表明,一些来自用户的主观因素会影响数字经济的运用,非认知能力中的部分因素会影响金融行为和财富满意度的预测。这些主观因素涉及个人的性格特征和行为特点,使不同人群在面对数字经济时产生不同的反应。个人对互联网技术的敏感度、个人接触数字经济的动机、个人对新鲜事物的态度和偏好等成为个人非认知能力的缩影。

本章选取加载变量文化资本(是否读书)作为核心解释变量,代表样本的非认知能力。该变量以调查问卷中"过去 12 个月,您是否有不以工作和考试为目的的阅读?"这一问题为基础。文化资本(是否读书)能够从严谨性这一角度刻画非认知能力,进而帮助分析非认知能力对数字不平等的影响。变量编码赋值见表 8.1。

3. 控制变量

鉴于 CEPS 数据具有个人层面和家庭层面的两个数据集的特点,本章分别从个人特征和家庭特征两个角度选取控制变量。在控制变量选取方面,主要借鉴陈梦根等的做法[1],并考虑到数据的可获取性,在个人层面选取性别、年龄、婚姻状况、健康状况和胜任工作的教育程度五项指标,在家庭层面选取家庭人口规模、户籍情况和是否从事农林牧副渔业三项指标。

1)个人特征。性别、年龄、婚姻状况、健康状况和胜任工作的教育程度能够基本囊括个人信息,反映个人的基本情况。一些研究表明,与男性相比,女性从互联网中获取的收益较少,对互联网的敏感度也相对较低。年龄较大的人群因认知能力下降、身体机能退化,在面对互联网技术时表现出更多的局促和迷茫,成为弱势的一方。

2)家庭特征。一些研究表明,家庭人口规模和户籍类型会影响经济行为。在接入沟和使用沟两端,数字经济也会受到来自家庭层面的影响。例如,有儿童的家庭会比没有儿童的家庭更注重互联网的接入和使用;居住在城市的人口比农村人口较早接触和使用网络等。各控制变量编码赋值见表 8.1。

---

[1] 陈梦根,周元任. 数字不平等研究新进展[J]. 经济学动态,2022(4):123-139.

表 8.1　变量编码赋值

变量	编码赋值情况
文化资本（是否读书）	0＝否，1＝是
性别	0＝女，1＝男
年龄	10～96 岁
婚姻状况	1＝未婚，2＝在婚（有配偶），3＝同居，4＝离婚，5＝丧偶
家庭人口规模	家庭人口数：1～17
户籍情况	1＝农业户籍，3＝非农业户籍，5＝没有户籍
健康状况	1＝非常健康，2＝很健康，3＝比较健康，4＝一般，5＝不健康
胜任工作的教育程度	3＝小学，4＝初中，5＝高中/中专/技校/职高，6＝大专，7＝本科，8＝硕士，9＝博士，11＝不必接受教育
是否从事农林牧副渔业	1＝是，5＝否

8.1.2　模型构建

1. 模型介绍

本章主要研究非认知能力对数字不平等的影响，参考王洁的做法[1]构建基准回归模型，即

$$dig = \alpha_i + \beta_1 qq1101_i + \gamma_1 gender_i + \gamma_2 age_i + \gamma_3 qea0_i + \gamma_4 familysize18_i + \gamma_5 qa301_i + \gamma_6 qp201_i + \gamma_7 kgd2_i + \gamma_8 fk11_i + \mu_i \tag{8-1}$$

其中，dig 为样本家庭的数字不平等程度，由构建的指标体系综合得分得出；$qq1101_i$ 为展现各个家庭中个人是否不出于功利目的而读书的变量，是一种二项变量，以非此即彼的结果简单衡量个人的非认知能力，为核心解释变量；$gender_i$ 为来自各个家庭的性别变量，取值为 0 或 1；age_i 为各个家庭的年龄变量，取值范围为10～96，跨越的年龄段较大，包含的年龄层十分丰富；$qea0_i$ 为家庭的婚姻状况变量，反映不同人群的婚姻状况，以从社会关系的视角评析数字不平等程度；$familysize18_i$ 为家庭的人口规模变量，反映家庭的人员组成情况和家庭构成，取值为 1～5 的自然数；$qa301_i$ 为家庭户籍情况，共包含三种情况，即农业户籍、非农业户籍和没有户籍，用来反映家庭户籍所在地的差异对数字不平等产生的影响；$qp201_i$ 为家庭中的个人身体健康状况，取值为 1～5 的整数，分别代表非常健康、

---

[1] 王洁. 异质性视角下数字普惠金融对家庭消费不平等影响的实证研究［D］. 沈阳：辽宁大学，2022.

很健康、比较健康、一般和不健康，共 5 种健康状况；$kgd2_i$ 为个人胜任工作需要的教育程度，能够综合体现个人的工作状况和教育水平，反映不同教育程度和不同工作需求对数字不平等程度的影响，取值为自然数 3~9 和 11；$fk1l_i$ 为反映各个家庭是否从事农林牧副渔业的变量，取值为 1 或 5，用于反映第一产业对数字不平等的影响。主要变量说明见表 8.2。

表 8.2 主要变量说明

变量类别	变量名称	变量含义
被解释变量	dig	数字不平等
核心解释变量	$qq1101_i$	文化资本（是否读书）
控制变量	$gender_i$	性别
	age_i	年龄
	$qea0_i$	婚姻状况
	$familysize18_i$	家庭人口规模
	$qa301_i$	户籍情况
	$qp201_i$	健康状况
	$kgd2_i$	胜任工作的教育程度
	$fk1l_i$	是否从事农林牧副渔业

2. 相关性分析

模型回归要以变量之间存在相关性为前提，为进行回归分析，首先对被解释变量、核心解释变量和控制变量之间的相关性进行检验，以数值的形式和显著程度反映变量之间的相关程度，为后续的实证分析提供依据和可行性论证。变量的相关性矩阵见表 8.3。

表 8.3 变量的相关性矩阵

变量名	数字不平等	性别	年龄	婚姻状况	家庭人口规模
数字不平等	1.000	—	—	—	—
性别	−0.039***	1.000	—	—	—
年龄	0.573***	0.043***	1.000	—	—
婚姻状况	0.132***	−0.049***	0.454***	1.000	—
家庭人口规模	−0.251***	−0.025***	−0.330***	−0.150***	1.000
户籍情况	−0.134***	0.004***	0.171***	0.510***	−0.078***

续表

变量名	数字不平等	性别	年龄	婚姻状况	家庭人口规模
健康状况	0.179***	−0.087***	0.307***	0.151***	−0.103***
文化资本	−0.293***	−0.006***	−0.249***	−0.169***	0.042***
胜任工作的教育程度	0.180***	0.055***	0.386***	0.221***	−0.131***
是否从事农林牧副渔业	−0.231***	−0.047***	0.023***	0.081***	−0.293***

变量名	户籍情况	健康状况	文化资本	胜任工作的教育程度	是否从事农林牧副渔业
数字不平等	—	—	—	—	—
性别	—	—	—	—	—
年龄	—	—	—	—	—
婚姻状况	—	—	—	—	—
家庭人口规模	—	—	—	—	—
户籍情况	—	—	—	—	—
健康状况	0.075***	1.000	—	—	—
文化资本	−0.009***	0.248***	1.000	—	—
胜任工作的教育程度	0.098***	0.136***	−0.119***	1.000	—
是否从事农林牧副渔业	0.182***	0.023***	0.081***	−0.040***	1.000

注：*** 表示 $P<0.01$。

在表 8.3 中，任意两个变量的相关关系均在 1% 的显著性水平下显著，表明变量之间的相关程度足以构建回归方程。文化资本和数字不平等之间为负向的相关关系，即因读书而积聚的文化资本会降低数字不平等程度，随着数字不平等程度降低，文化资本也会越发厚实。年龄和数字不平等的相关系数呈现正向显著，且绝对值最大，即两者相关程度最高，表明家庭数字不平等程度与家庭成员年龄密切相关。就当前情况而言，中青年仍然是数字经济的推动者和受益者。一些研究表明，有儿童的家庭更注重获取数字红利，具有获取数字红利的动机和偏好。

3. 多重共线性检验

为保证模型估计结果的有效性和准确性，需要进行核心解释变量和控制变量之间的多重共线性检验。多重共线性的存在会削弱模型的解释能力。方差膨胀因子（variance inflation factor，VIF）为回归系数估计量的方差与假设自变量间不线性相关时回归系数估计量的方差之比，VIF 值越大，解释变量之间的线性相关性越强，模型越不准确。通常认为 VIF＞10 时存在多重共线性。因此，选取 VIF 作为多重共线性检验的衡量标准。

检验结果见表 8.4。由表中数据可以看出，各个变量的 VIF 值远远小于 10，故可以判定该模型在理论上不存在多重共线性，该模型具有较强的解释能力。

表 8.4 多重共线性 VIF 检验

变量名	VIF	1/VIF
年龄	1.78	0.562
婚姻状况	1.69	0.592
户籍情况	1.41	0.709
健康状况	1.28	0.781
文化资本	1.24	0.806
家庭人口规模	1.24	0.806
胜任工作的教育程度	1.19	0.840
是否从事农林牧副渔业	1.15	0.870
性别	1.03	0.971
VIF 平均值	1.33	—

8.2 实证分析

8.2.1 描述性统计

对各个变量进行描述性统计分析，能够直观、清晰地了解变量的基本信息，从均值、最大值和最小值三个角度展示各个变量的取值情况。

数据处理和筛选是数据分析的基础。数据的缺失值和异常值会对模型估计结果的准确性造成一定影响，因此对各个变量的缺失值和异常值做剔除处理，最终获得 7119 个家庭样本。描述性统计结果见表 8.5。

表 8.5 描述性统计结果 (N=7119)

变量名称	均值	最小值	最大值
家庭数字不平等	0.438	0	0.999
性别	0.593	0	1
年龄	47.657	16	93
婚姻状况	2.119	1	5
家庭人口规模	3.395	1	17
户籍情况	1.621	1	5
健康状况	3.048	1	5
文化资本	0.307	0	1
胜任工作的教育程度	6.716	3	11
是否从事农林牧副渔业	3.133	1	5

就被解释变量而言，家庭数字不平等的均值为0.438，大于0，表明我国家庭数字不平等程度已经趋于严重，数字经济带来的分配不均问题不容乐观。数字技术在带给经济发展充足的推动力的同时也加剧了消费不平等和收入不平等等问题，这可能是由我国人口基数大、区域发展不均衡等问题衍生而来的。

就核心解释变量而言，文化资本的均值较小，且低于中等水平，表明出于非功利目的读书的家庭人口数较少，一定程度上反映出家庭人口的非认知能力发展较不完善，非认知能力水平不容乐观。

控制变量方面，性别均值为0.593，表明在样本家庭中，相比女性，男性所占比例稍大；年龄均值为47.657，表明样本家庭平均处于中年状态，中年人为主要群体；婚姻状况均值为2.119，表明样本家庭的平均值处于在婚状态；家庭人口规模均值为3.395，表明家庭人口平均为3人或4人，与实际情况大致相符；户籍情况的均值为1.621，表明多数家庭为农村户籍；健康状况的均值为3.048，表明大多数家庭处于比较健康的状态，亚健康是家庭的主要健康状态；胜任工作的教育程度均值为6.716，表明多数家庭从事的工作要求的教育程度处于大专和本科水平，与我国目前的教育背景相符，人才水平偏中等，高级人才仍然稀缺；是否从事农林牧副渔业变量的均值为3.133，表明大多数家庭没有从事第一产业，与我国农业发展相对缓慢的产业背景一致。

8.2.2 基准回归与结果分析

根据理论模型公式，选用最小二乘法进行回归分析，以得到一致性的估计结果。最小二乘法在保证总误差平方和最小的前提下，通过拟合一条回归线反映变量之间的因果关系，其回归系数能直观地反映变量之间的数量关系和强弱程度。

本书通过逐步加入控制变量进行普通最小二乘法（OLS）回归，首先引入核心解释变量进行初步回归，再引入来自个人层面和家庭层面的控制变量进行模型修正。本书中的研究不仅关心家庭数字不平等的影响因素有哪些，还关心哪些影响因素是显著的，起到的影响作用是正向促进还是负向抑制，因此十分关注回归系数的具体情况。具体回归结果见表 8.6。

表 8.6 家庭数字不平等基准回归结果

变量	家庭数字不平等	
文化资本	−0.056*** (0.002)	−0.031*** (0.001)
性别	—	−0.015*** (0.002)
年龄	—	0.004*** (0.000)
婚姻状况	—	0.007*** (0.001)
家庭人口规模	—	−0.009*** (0.001)
户籍情况	—	−0.035*** (0.001)
健康状况	—	0.001 (0.001)
胜任工作的教育程度	—	0.003*** (0.000)
是否从事农林牧副渔业	—	−0.010*** (0.001)
常数项	—	0.347*** (0.006)

注：*** 表示 $P<0.01$。括号中的数值为标准误差。后文表中的标注意义与此相同。

由表 8.6 可知，文化资本对家庭数字不平等产生显著的负向影响，即读书会降低数字不平等程度。这可能是因为文化资本能够在一定程度上减小家庭层面的差异，即文化资本水平较低的家庭会因为文化水平的提升缩小与文化资本水平较高的家庭的差距，降低家庭数字不平等水平。

控制变量性别、年龄、婚姻状况、家庭人口规模、户籍情况、胜任工作的教育程度和是否从事农林牧副渔业均对家庭数字不平等产生显著影响。结果表明，男性相比女性而言能够降低家庭数字不平等程度，即当家庭中男性数量多于女性时，男性在家庭中的参与程度更高，会降低由性别引起的家庭数字不平等程度，男性在互联网学习和掌握互联网技能上更胜一筹。年龄对数字不平等程度具有正向促进作用，即家庭中老年人口增多会提高家庭数字不平等程度，这可能是因为老年人在互联网技术和数字经济的利用上获利较少，处于弱势，正因如此，数字鸿沟的产生与年龄差异息息相关。婚姻状况对家庭数字不平等起到正向促进作用，离异、丧偶等使得家庭数字不平等程度加重。这可能是因为较高的婚姻质量能够带给家庭成员充足的情绪价值，起到正向的社会支持作用，使得家庭成员能够在家庭内部分享和获得数字经济带来的利益，抑制家庭数字不平等的发展。家庭人口规模抑制家庭数字不平等的发展，即家庭人口数量越多，家庭数字不平等程度越不明显。这可能是因为家庭的组成越丰富，儿童占比越多，家庭在教育和发展上越注重数字经济的引入，更能享受到数字经济高速发展的福利，降低数字经济发展不平衡的程度。户籍情况对家庭数字不平等起到负向抑制作用，即家庭户籍为非农业户籍时，家庭数字不平等程度低。这可能是因为城镇人口相比乡村人口而言，因所处环境的差异，更容易进入数字经济，更紧密地链接到互联网中的社会网络，降低家庭数字不平等的发展程度。胜任工作的教育程度能够显著地正向促进数字不平等，即家庭成员从事的职业要求的教育程度越高，越能提高家庭数字不平等程度。这可能是因为受教育程度要求较高的职业，接近互联网的机会和可能性更大，暴露于数字经济下的范围更广，更容易受到数字不平等的影响。是否从事农林牧副渔业对家庭数字不平等起到负向抑制的作用，即当家庭不从事农林牧副渔业时家庭数字不平等的程度较低，当家庭从事农林牧副渔业时家庭数字不平等的程度较高。这可能是因为第一产业与数字技术的融合程度极大影响了从事第一产业的家庭数字不平等程度，从事第一产业的家庭相比从事其他产业的家庭更能感受到数字红利分配不均问题。

家庭数字不平等与家庭息息相关，我们迫切希望模型回归结果具有一致性，因此将家庭区分为城镇家庭和乡村家庭，希望在城镇家庭和乡村家庭中能够得到一致的分析结果，从而支撑模型回归结果的科学性和可靠性，并帮助理解在城镇家庭数字不平等和乡村家庭数字不平等上有哪些侧重和偏倚。城镇家庭和乡村家庭具体回归结果见表 8.7 和表 8.8。

表 8.7 城镇家庭基准回归结果

变量名	城镇家庭数字不平等	
文化资本	−0.060*** (0.002)	−0.057*** (0.003)
性别	—	−0.014*** (0.003)
年龄	—	0.004*** (0.000)
婚姻状况	—	0.006*** (0.002)
家庭人口规模	—	−0.011*** (0.001)
户籍情况	—	−0.030*** (0.002)
健康状况	—	0.002 (0.001)
胜任工作的教育程度	—	0.004*** (0.001)
是否从事农林牧副渔业	—	−0.010*** (0.001)
常数项	—	0.327*** (0.010)

表 8.8 乡村家庭基准回归结果

变量名	乡村家庭数字不平等	
文化资本	−0.044*** (0.002)	−0.057*** (0.004)
性别	—	−0.019*** (0.003)
年龄	—	0.004*** (0.000)
婚姻状况	—	0.006*** (0.002)

续表

变量名		乡村家庭数字不平等
家庭人口规模	—	-0.010***
		(0.001)
户籍情况	—	-0.029***
		(0.003)
健康状况	—	0.001
		(0.001)
胜任工作的教育程度	—	0.003***
		(0.000)
是否从事农林牧副渔业	—	-0.005***
		(0.001)
常数项	—	0.317***
		(0.009)

由表 8.7 可知,加入控制变量后,核心解释变量文化资本对被解释变量家庭数字不平等的影响在正负向上没有发生改变,表明了模型结果的一致性。全国家庭数字不平等和城镇家庭数字不平等的回归结果在正负向上保持一致,表明模型结果具有稳健性。

由表 8.8 可知,加入控制变量后,核心解释变量文化资本对被解释变量家庭数字不平等的影响在正负向上没有发生改变,表明了模型结果的一致性。全国家庭数字不平等和农村家庭数字不平等的回归结果在正负向上保持一致,表明模型结果具有稳健性。

8.2.3 分位数回归与结果分析

为了更加清晰地了解文化资本对家庭数字不平等的影响,采用分位数回归的方法做进一步的回归分析。相比最小二乘法,分位数回归法能反映在家庭数字不平等的不同分位点上核心解释变量和控制变量是如何产生影响的。本节选用的分位点的区间设定为(10,90),步长为20,即在10分位点、30分位点、50分位点、70分位点和90分位点上进行回归。

在分位数回归结果中,我们更想了解核心解释变量和控制变量对不同分位点上的被解释变量起到怎样的作用,并试图剖析背后的原因。具体回归结果见表8.9。

表 8.9 家庭数字不平等分位数回归结果

变量名	家庭数字不平等				
	10分位点	30分位点	50分位点	70分位点	90分位点
文化资本	−0.066*** (0.004)	−0.059*** (0.003)	−0.056*** (0.003)	−0.053*** (0.003)	−0.047*** (0.004)
性别	−0.024*** (0.004)	−0.015*** (0.003)	−0.015*** (0.002)	−0.008** (0.003)	−0.009** (0.003)
年龄	0.005*** (0.000)	0.004*** (0.000)	0.004*** (0.000)	0.004*** (0.000)	0.004*** (0.000)
婚姻状况	0.004 (0.002)	0.008*** (0.002)	0.006*** (0.001)	0.008*** (0.002)	0.009*** (0.002)
家庭人口规模	−0.011*** (0.001)	−0.009*** (0.001)	−0.009*** (0.001)	−0.008*** (0.001)	−0.009*** (0.001)
户籍情况	−0.039*** (0.002)	−0.035*** (0.002)	−0.034*** (0.001)	−0.034*** (0.002)	−0.031*** (0.002)
健康状况	0.003 (0.002)	0.001 (0.001)	0.001 (0.001)	0.001 (0.001)	0.002 (0.001)
胜任工作的教育程度	0.004*** (0.001)	0.003*** (0.000)	0.002*** (0.000)	0.003*** (0.000)	0.003*** (0.001)
是否从事农林牧副渔业	−0.014*** (0.001)	−0.012*** (0.001)	−0.010*** (0.001)	−0.007*** (0.001)	−0.006*** (0.001)
常数项	0.249*** (0.011)	0.310*** (0.008)	0.354*** (0.007)	0.388*** (0.008)	0.434*** (0.010)

注：** 表示 $P<0.05$。后文表中的标注意义与此相同。

文化资本对不同分位点上的家庭数字不平等产生显著的负向影响，即读书带来的文化资本存量的提升会降低数字不平等程度。在各个分位点上文化资本的回归系数均显著，且随着家庭数字不平等程度的提升，文化资本的影响越来越小，这可能是因为对于较高程度的家庭数字不平等来说，文化资本能够弥补其他结构性差异的效果越来越小。在较低水平的家庭数字不平等中，文化资本能够因家庭成员文化素养和能力的提升减少数字红利中的不平等现象；在较高水平的家庭数字不平等中，文化资本的力量较弱，由使用沟、接入沟带来的数字效益差异很难由家庭成员的文化水平补救。

在控制变量上，性别对不同分位点上的家庭数字不平等保持显著的负向影响，即男性相比女性而言能够降低家庭数字不平等程度,且随着分位点的上升,性别的回归系数曲线呈先降低后上升的U形。年龄在不同分位点上的变动趋势平稳,表明无论对于低水平的家庭数字不平等还是高水平的家庭数字不平等,年龄的影响是一致的。婚姻状况对于处在10分位点水平的家庭数字不平等影响不显著,但对于30分位点、50分位点、70分位点和90分位点影响都是正向显著的,且表现为先降低后上升的变动趋势,呈U形曲线。家庭人口规模对不同分位点的家庭数字不平等均产生显著的负向影响,表现为先降低后上升的变动趋势,且在10分位点上影响最大。这表明对于低水平的家庭数字不平等,家庭人口越多越能抑制家庭数字不平等程度。户籍情况对不同分位点上的家庭数字不平等保持显著的负向影响,胜任工作的教育程度对不同分位点上的家庭数字不平等保持显著的正向影响,是否从事农林牧副渔业对不同分位点上的家庭数字不平等保持显著的负向影响。

8.2.4 稳健性检验

由上节可知,在全国家庭范围内核心解释变量和控制变量对家庭数字不平等存在着非线性影响,在城镇家庭和乡村家庭中这种非线性影响是否仍然存在?是否发生了明显变化?还是保持稳定的一致性?

由表8.10可以看出,城镇家庭数字不平等和全国范围内的家庭数字不平等的分位数回归系数在显著性上具有一致性。

表8.10 城镇家庭数字不平等分位数回归结果

变量名	城镇家庭数字不平等				
	10分位点	30分位点	50分位点	70分位点	90分位点
文化资本	−0.068*** (0.006)	−0.061*** (0.004)	−0.060*** (0.004)	−0.054*** (0.004)	−0.047*** (0.005)
性别	−0.020*** (0.006)	−0.018*** (0.004)	−0.015*** (0.004)	−0.011** (0.004)	−0.011* (0.004)
年龄	0.005*** (0.000)	0.005*** (0.000)	0.004*** (0.000)	0.004*** (0.000)	0.004*** (0.000)
婚姻状况	−0.000 (0.003)	0.008** (0.003)	0.006** (0.002)	0.008** (0.002)	0.012*** (0.003)
家庭人口规模	−0.015*** (0.002)	−0.010*** (0.001)	−0.009*** (0.001)	−0.008*** (0.001)	−0.009*** (0.001)

续表

变量名	城镇家庭数字不平等				
	10分位点	30分位点	50分位点	70分位点	90分位点
户籍情况	−0.035 *** (0.003)	−0.030 *** (0.002)	−0.027 *** (0.002)	−0.029 *** (0.002)	−0.027 *** (0.002)
健康状况	0.002 (0.003)	0.000 (0.002)	0.002 (0.002)	0.001 (0.002)	0.004 * (0.002)
胜任工作的教育程度	0.005 *** (0.001)	0.004 *** (0.001)	0.003 *** (0.001)	0.003 *** (0.001)	0.004 *** (0.001)
是否从事农林牧副渔业	−0.013 *** (0.002)	−0.011 *** (0.001)	−0.010 *** (0.001)	−0.008 *** (0.001)	−0.005 *** (0.001)
常数项	0.234 *** (0.018)	0.280 *** (0.013)	0.328 *** (0.012)	0.363 *** (0.013)	0.403 *** (0.014)

注：*表示 $P<0.1$。后文表中的标注意义与此相同。

核心解释变量文化资本对不同分位点上的家庭数字不平等产生显著的负向影响，即读书带来的文化资本存量的提升会降低数字不平等程度。在各个分位点上，文化资本的回归系数均显著，且随着家庭数字不平等程度的提升，文化资本的影响越来越小。性别对不同分位点上的家庭数字不平等依然保持显著的负向影响，即男性相比女性而言能够降低家庭数字不平等程度。年龄在不同分位点上表现出平稳的变动趋势，这与全国范围内的家庭数字不平等变动情况一致。

婚姻状况对于处在10分位点水平的家庭数字不平等影响不显著，但在30分位点、50分位点、70分位点和90分位点影响都是正向显著的，且表现为先下降后上升的变动趋势，呈U形曲线。家庭人口规模对不同分位点的家庭数字不平等均有显著的负向影响，表现为先下降后上升的变动趋势，且在10分位点影响最大。户籍情况对不同分位点上的家庭数字不平等保持显著的负向影响，胜任工作的教育程度对不同分位点上的家庭数字不平等保持显著的正向影响，是否从事农林牧副渔业对不同分位点上的家庭数字不平等保持显著的负向影响。

由表8.11可以看出，乡村家庭数字不平等和全国范围内的家庭数字不平等的分位数回归系数在显著性上具有一致性。

表 8.11　乡村家庭数字不平等分位数回归结果

变量名	乡村家庭数字不平等				
	10 分位点	30 分位点	50 分位点	70 分位点	90 分位点
文化资本	−0.062***	−0.059***	−0.056***	−0.051***	−0.048***
	(0.006)	(0.004)	(0.004)	(0.004)	(0.006)
性别	−0.031***	−0.018***	−0.017***	−0.011**	−0.008
	(0.005)	(0.004)	(0.003)	(0.003)	(0.005)
年龄	0.0056***	0.004***	0.004***	0.004***	0.004***
	(0.000)	(0.000)	(0.000)	(0.000)	(0.000)
婚姻状况	0.007*	0.006**	0.006**	0.006**	0.007*
	(0.003)	(0.002)	(0.002)	(0.002)	(0.003)
家庭人口规模	−0.011***	−0.010***	−0.009***	−0.009***	−0.010***
	(0.001)	(0.001)	(0.001)	(0.001)	(0.001)
户籍情况	−0.039***	−0.031***	−0.028***	−0.025***	−0.023***
	(0.005)	(0.003)	(0.003)	(0.003)	(0.005)
健康状况	0.001	0.001	0.001	0.000	0.001
	(0.002)	(0.001)	(0.001)	(0.001)	(0.002)
胜任工作的教育程度	0.003***	0.002***	0.002***	0.002***	0.003***
	(0.001)	(0.000)	(0.000)	(0.000)	(0.001)
是否从事农林牧副渔业	−0.010***	−0.007***	−0.006***	−0.003***	−0.001
	(0.001)	(0.001)	(0.001)	(0.001)	(0.001)
常数项	0.221***	0.294***	0.328***	0.363***	0.409***
	(0.016)	(0.011)	(0.010)	(0.010)	(0.015)

核心解释变量文化资本对不同分位点上的乡村家庭数字不平等产生显著的负向影响，即读书带来的文化资本存量的提升会降低数字不平等程度。其中，在各个分位点上，文化资本的回归系数均显著，且随着乡村家庭数字不平等程度的提升，文化资本的影响越来越小。性别对不同分位点上的乡村家庭数字不平等保持显著的负向影响，即男性相比女性而言能够降低家庭数字不平等程度。年龄在不同分位点上表现出平稳的变动趋势，这与全国范围内的家庭数字不平等变动情况一致。与全国家庭数字不平等和城镇家庭数字不平等不同的是，婚姻状况对于各个分位点上的乡村家庭数字不平等的影响都是正向显著的，且表现出较平稳的变动趋势。家庭人口规模对不同分位点上的乡村家庭数字不平等均有显著的负向影响，表现为先下降后上升的变动趋势，且在 10 分位点上影响最大。户籍情况对不

同分位点上的乡村家庭数字不平等保持显著的负向影响，胜任工作的教育程度对不同分位点上的乡村家庭数字不平等保持显著的正向影响，是否从事农林牧副渔业对不同分位点上的乡村家庭数字不平等保持显著的负向影响。

8.3 数字不平等的主要影响因素

8.3.1 家庭文化资本与家庭数字不平等

家庭文化资本影响着个人和家庭的非认知能力水平，与家庭社会地位、家庭经济水平、家庭教育水平等息息相关，已经成为大众衡量家庭发展水平中不可或缺的重要因素之一。数字技术的蓬勃发展使得人们无法忽视数字技术带来的便利和效益，数字化生活成为这个时代的常态。但是由于家庭的异质性，每个家庭能享受到的数字红利是不同的，由此产生数字不平等。在家庭数字不平等中，家庭文化资本是否产生一定的影响？本节即对这一问题展开深入探讨。

数字不平等是多种因素共同作用的结果，家庭文化资本是其中一个重要的影响因素。家庭文化资本的差异表现为对数字信息技术的认知水平、应用程度和技能的差异。文化资本会影响新技术的感知与使用行为。法国著名社会学家布尔迪厄对文化资本理论进行了系统的论述。❶ 文化资本可分为三种形式：第一种是身体化的文化资本，即从小培养的性情倾向；第二种是客观化的文化资本，包括书籍、艺术品等文化产品；第三种是制度化的文化资本，指的是获得竞争优势的教育文凭等。❷ 家庭文化资本水平较低，数字化知识、素养和技能不足是家庭数字不平等程度较高的原因。文化资本水平较高的家庭可以对互联网等数字技术进行全面客观的评价，对电子产品和互联网有更多的体验，通过互联网等获得并有效利用信息以提高自己的能力；而文化资本水平较低的家庭数字素养、能力不足，利用信息技术、参与信息社会活动的能力不足，利用信息技术解决实际问题的思维不够，不利于自身能力的培养。这种家庭文化资本之间的差距逐渐导致了家庭之间的数字不平等。

---

❶ 布尔迪厄. 文化资本与社会炼金术 [M]. 包亚明, 译. 上海：上海人民出版社, 1997.
❷ 田丰, 梁丹妮. 中国城市家庭文化资本培养策略及阶层差异 [J]. 青年研究, 2019 (5)：1-11, 94.

数字基础设施已经遍布全国,数字经济对于大众来说已经不再陌生,数字技术已经走进崭新的 5G 时代,技术进步带来的社会经济福利已经成为居民收入的重要组成部分。互联网不仅拉近了人与人之间的距离,降低了沟通成本,还打破了知识和阶层的壁垒,推动文化传播和交流。互联网在推动人类社会进步的同时,网络效应也被翻倍扩大,不同区域因人口规模、基础设施完备率不同,产生的连锁效应也会存在结构性差异。数字化带来的分配差异在大中城市表现得尤为明显。

由上述实证分析结果可知,家庭文化资本积累水平与家庭数字不平等存在负向影响关系。家庭文化资本存量增加,"文化工具箱"发挥的补偿性作用会更加明显,对于由所处社会地位造成的缺陷的弥补性增强,带动人力资本的提升,缓解阶层的结构性差异,因此家庭文化资本存量增加能够降低家庭数字不平等水平。

8.3.2 家庭婚姻质量与家庭数字不平等

婚姻是家庭关系的主要构成和基石,在一定程度上夫妻关系的重要性明显高于父子、母女等亲子关系,与配偶的情感沟通和家庭连接成为家庭生活中的重要一环。婚姻质量不仅影响着家庭幸福感,还会对后辈的心理健康和社会行为产生影响。高质量的婚姻能够营造利于儿童成长、健康的家庭氛围,不健康的婚姻状况可能使得家庭中的儿童出现焦虑等不良情绪。婚姻状况极大影响了家庭发展,其对于家庭数字不平等的影响值得探讨。

婚姻状况会对父母与孩子之间的沟通产生影响。婚姻状况良好的家庭,亲子之间关系紧密,家庭成员之间的沟通更频繁。互联网为家庭成员之间的沟通搭建了线上平台,线上的沟通和线下的行为相互影响,父母可以通过孩子学习互联网等相关知识,并不断提高使用互联网等数字技术的能力,进而有助于减少数字不平等现象。

由上述实证结果可知,婚姻质量越高的家庭遭受的家庭数字不平等程度越低,高质量的婚姻能够促进家庭成员融入社会网络,营造良好的家庭氛围、亲密的家人关系,提高家庭成员数字技术的使用技能,降低家庭数字不平等水平。

8.3.3 家庭代际关系与家庭数字不平等

随着社会数字化程度不断加深,代际的数字化差距日益明显。智能手机、互联网等数字设备和服务逐渐进入家庭,并成为家庭代际数字不平等产生的原因。子代的互联网、智能手机等使用技能与数字信息运用能力一般都强于亲代,亲代由于"科技恐惧"等主观原因及身体素质下降等客观原因，学习并掌握数字技术的能力不如子代，双方的差距不断拉大，造成家庭数字不平等。研究家庭代际关系对家庭数字不平等的影响很重要。

家庭成员关系和家庭成员之间的互动会影响家庭成员学习、使用数字技术的行为，产生行为差异。子代与亲代在家庭中往往被划分为数字知识富有者和数字知识贫困者，数字知识贫困的亲代只能通过自学或者向他人请教两种方式学习数字技能，不断融入数字社会，子代就成为亲代请教学习数字技能的最佳人选。家庭成员之间的互动越频繁、关系越和谐，子代越能感受到亲代的关心和爱护，就会更加愿意、更有耐心地帮助亲代学习使用互联网等数字技术。家庭成员见面越频繁，子代和亲代之间的关系越密切，亲代会有越多的机会向子代学习并掌握数字技能。

科学技术的进步给人们的生活带来了极大的便利，但是子代与亲代对新技术的接受能力不同，子代和亲代之间产生了难以逾越的数字鸿沟，家庭代际出现数字不平等现象。当家庭成员之间的共同话题减少，很容易造成彼此之间信息传递不畅，影响子代和亲代之间的关系。家庭成员的关系决定了家庭成员的沟通质量，沟通质量越高、家庭关系越融洽，子代帮助亲代学习数字技术的意愿越强，因此良好的代际关系可以在一定程度上减少家庭数字不平等。

第9章　数字不平等的弥合策略

在当前数字化深入发展的时代背景下，数字不平等的治理是建设数字中国的内在动力，也是提高国家治理效能的应有之义。数字不平等在很大程度上反映了社会发展鸿沟，对数字不平等的弥合能为数字经济时代合理推进数字中国布局、迈向共同富裕提供方向，是我国高质量发展、实现共同富裕的必然之举。本章将从基础设施建设、产业升级、教育信息化、数字政府建设四个方面提出有针对性的数字不平等弥合策略。

9.1　基础设施建设

基础设施是经济社会发展的基础与必备条件，是一个国家和地区正常运转的物质基础和产业基础。2018年，我国将以信息网络为基础、对各行各业数字化赋能的新型基础设施建设写入政府工作报告。搭载新一代信息技术的数字基础设施在不同地区不平衡的发展会导致数字不平等的加剧，因此必须抓住数字基础设施发展的新契机，协调基础设施建设，缩小区域间的数字不平等。

9.1.1　推进基础设施一体化建设，缩小区域数字不平等

基础设施建设是经济社会发展的重要内容，基础设施一体化是区域发展的物质基础和先行领域。基础设施一体化建设主要包括两个方面：一是城市群基础设施一体化，二是城乡基础设施一体化。在城市群的基础设施一体化建设中，存在部分城市群基础设施发展速度比较缓慢的问题，与其他城市群相比存在一定差距。❶ 在城

---

❶ 卢扬帆，郑方辉. 区域一体化视域下城市综合基础设施发展水平评价——基于珠三角9市的实证分析[J]. 城市问题，2014（10）：2-9.

乡基础设施一体化建设中，农村地区普遍存在管理制度不健全、投资总量不足、监督执行不到位、职能部门协调不灵活等问题，城乡间存在明显的非对称发展特征。为实现城乡一体化建设、城乡社会公平，要通过治理手段使得基础设施建设在农村和城市间达到双向流动、统筹发展。

推进城市群基础设施一体化建设，重点在于加强城市对资金、人才、资源等要素的吸引力与承载力。首先，在体制方面，通过引进示范地区的管理制度及国际经验，提升管理水平；发挥政府部门投入对社会投资的杠杆作用，如推行政府和社会资本合作的工程建设模式、特许经营等受到广泛认可的基础设施建设管理制度和方式；拓宽资金渠道，让更多的社会力量共同助力城市基础设施建设。政府在一定程度上适当放宽相关限制，支持民间资本投向基础设施建设，利用国内外资本市场融通基础设施建设；为防止城市间的利益争夺，推行联合建设模式，构建一体化协调机制。❶ 其次，推进技术性基础设施建设，大力发展信息技术和信息产业，在这个过程中要充分考虑技术的先进性水平、是否与国际接轨等，提高信息、通信及交通等基础设施建设的数字化水平，持续加强互联网、广播电视和电信的融合，推进城市信息化进程，提升通信一体化水平，为城市科技创新、高技术产业发展提供良好环境。再次，将城市个性融入城市基础设施建设规划。因各城市的发展目标与城市基础设施的载体要求不同，各城市可依据本地的特点及发展目标打造具体的基础设施建设方案。最后，增加对教育和科技的基础设施投入，打造以科技创新为动力、以人才建设为保障的城市发展体系。

规划是政府开展公共事业管理的纲领，城乡基础设施一体化规划是城乡基础设施一体化建设的行动纲领。首先，要从城市和农村分开规划的路子中走出来，融入城乡对称互惠的发展理念，避免重复建设引发的资源浪费，科学、系统编制城乡基础设施一体化的总体规划，统筹全局，合理布局城乡区域内的基础设施建设。要在继承和发扬各级各类规划的优势基础上，科学编制城乡基础设施一体化规划体系，明确城乡功能定位，考虑地区产业结构、地理条件、经济水平、生产特征等，将城市和农村基础设施建设作为一个有机整体，实现相互促进、互相衔接，使所有职能部门协作运转、协同工作。其次，基于城乡基础设施一体化系统性的特性，要系统制定专项规划，在满足总体及控制性规划的基础上将城乡基础设施划分为多个局部，由局部的设施性质编制局部专项规划，局部之间也需做到

---

❶ 沈姝文. 长江中游城市群基础设施一体化研究 [J]. 现代商贸工业，2017（7）：6-7.

互相衔接,从而达到城乡基础设施建设规划体系的全面覆盖。最后,全面做好规划论证,重视在基础设施建设中投资规模、空间布局、技术指标等的专家审查与民主审查。

9.1.2 继续实施"宽带中国"战略,减小互联网发展差距

国家"十二五"规划首次将宽带网络建设纳入国家发展战略规划纲要;2013年8月《"宽带中国"战略及实施方案》正式发布,宽带建设成为关乎发展大局的国家意志,此后我国相继出台通信设施工程设计规范、工程验收规范等国家标准,其主要目的就是保证光纤到户通信设施工程质量❶。根据2015—2022年的《中国互联网络发展状况统计报告》,我国互联网普及率不断提高,但农村地区的互联网普及率明显低于城镇地区,表明"宽带中国"战略大幅提高了我国网络基础设施水平,但城乡互联网的普及率有较大差距,仍存在城乡发展不均衡的问题。

为缩小城乡间互联网发展的差距,进而缩小数字不平等,需要在"宽带中国"战略基础上继续优化宽带发展的政策环境,扩大农村地区网络基础设施建设的有效覆盖范围。对于农村及小城市居民,可通过互联网培训提高其互联网素养,鼓励居民发展电子商务,支持居民从事互联网相关行业,扶持个体经济。积极推广互联网技术,发展普惠金融,缩小城乡收入差距,减少数字不平等带来的结果不平等。使用媒体、官方信息渠道加强居民的互联网金融知识普及,提升居民的金融素养,促进居民对金融资源进行合理配置,提高居民收入。政府要引导互联网金融机构走可持续发展道路,提供规范引导及政策优惠;要充分利用大数据、区块链等技术,加强互联网新技术、金融服务场景与涉农领域三者的融合,降低服务门槛,减小数字鸿沟,最终实现区域经济的均衡发展。

9.1.3 推进新型数字基础设施建设,兼顾"数字弱势"群体权益

2018年12月中央经济工作会议正式提出新型数字基础设施建设(以下简称"数字新基建"),即第五代固网与新一代信息技术有机结合形成的数字基础设施建设。数字新基建是数字经济发展的基础,在推动数字技术的融合创新和场景化应用的同时将会衍生出新的数字化产业,从而对传统行业带来一定程度的冲击。数字新基建以虚拟产业为主要形态,具备数字科技的固有特征,它带来的生产生活

---

❶ 张鹏."光进铜退"这十年:宽带中国 数智未来[J]. 通信世界,2022(17):10-11.

方式变革及发展不能自动、均匀地普惠至每位社会成员,经济水平及自身能力的差异又会加剧数字不平等,因此注重数字新基建在乡村振兴中的发展,保障各群体的权益,才能保证在数字化建设的同时减少数字不平等。

发展乡村数字新基建,要重点关注以下三个方面:一是确保数字新基建项目在乡村的实施。政府要加强顶层设计,明确数字新基建不是地方政府政绩的度量标准,要克服功利化、短期化的思想,以掌握乡村的实际情况为前提,避免由超前及盲目建设造成的资源浪费、项目搁置,要与乡村的现实需求相结合,使乡村环境、产业资源等要素与本地数字新基建项目规划相互协调。数字新基建以传统基建为承载平台,因此需要妥善处理乡村资源禀赋、传统基建、数字新基建三者之间的关系,建立与乡村实际情况高度契合且高水平的新基建规划。在乡村数字新基建的发展过程中,存在企业避"农"就"城"、市场活力不足等问题,因此相关政府部门要加快制定能够促进企业及其他社会组织参与的乡村数字新基建配套政策,如适当降低数字新基建投资的准入门槛,提高对投资乡村数字新基建企业的补贴,减小企业投资压力,如设立专项建设资金、提高专项债新增额度、减税降费、提供政策性低息贷款等。❶ 二是加强人力资本的支撑作用。在乡村数字新基建建设过程中要坚持以人为本,加强数字化人才培养。目前乡村地区普遍面临专业人才流失、匮乏的困境,相关政府部门可根据乡村地区的实际情况及发展方向有计划地进行人才派遣,为乡村信息化建设注入新力量;还可以与高校、科研机构、企业等开展合作办学,构建符合实际发展需要的人才培养模式,助力乡村建设及数字化领域的创新。同时,注重培养居民数字化素养,可通过加强"乡村精英"等政策宣传,传授乡村工作人员及居民数字生产技能与知识,提升居民参与数字新基建的积极性。三是完善制度保障。在数字新基建建设过程中,构建完备的安全体系,考虑全流程的网络数据安全,包括监测、响应与防御,落实在线监管,推行"物联网+监管"与"互联网+监管"新模式,防范决策风险和减少损失。要充分发挥数字新基建对乡村信息供给的作用,提升乡村公共信息设施的吸引力与影响力。可借助微博、抖音、快手、微信公众号等容易传播、受众广、易被居民接受的渠道,在提升乡村信息化水平的同时潜移默化地对居民的道德观念及价值取向产生影响。

在数字新基建建设过程中要保障各群体的权益。海量的数据是数字化建设与

---

❶ 刘俊英. 数字"新基建"在乡村振兴中的发展研究 [J]. 社会科学战线,2022(7):258-262.

发展的基础，获取居民出行活动轨迹、对用户进行个性化推荐、智能化监测和预警等都需要收集大量的用户个人数据，而科技领域常常伴随着更高的逐利性，易发生数据泄露，泄露用户隐私数据以获取大量利益的现象时有发生，严重危害了个人的信息安全与社会稳定。数字新技术的核心内容具有排他性及不透明的特点，容易造成"赢家通吃"效应，从而降低了资源分配的公平性。因此，必须加强在数字化进程中法律法规的建设，对技术使用范围进行明确限定，提高网络安全程度，保障各群体权益，促成数字化时代的平等。对于"数字弱势"群体，政府部门和企业要共同努力，避免数字化信息能力不足的"数字边缘群体"掉队。互联网公司、政府部门在设计信息服务产品时要充分考虑到这一群体的特点，使信息服务页面、操作界面等简易化、人性化，增添操作指导界面等技术指引，最大限度地减少"数字弱势"群体在使用智能技术时的问题与困难。在治理网络信息化的同时，要适当采取线下治理方式。另外，在数字新基建建设过程中，企业倾向于采用智慧化、数字化的生产、服务模式，人力需求也会随之下降，在一定程度上导致失业率上升及民生压力加大，对社会稳定造成影响。因此，政府部门应制定针对这部分失业人群的保障措施，减弱数字化发展带来的冲击。

9.2 产业升级

2022年的政府工作报告多次提及数字化，并将企业数字化进程上升到国家战略高度。数字化转型是企业适应数字化时代的主动选择，但数字不平等的态势也逐渐明显。《2021中国企业数字转型指数研究》显示，仅有16%的企业具有显著的数字化转型成效，大部分传统企业及中小型企业存在数字化基础设施薄弱、创新能力匮乏、人才能力素养低或业务特殊不适宜数字化等问题。企业间产生了信息落差及两极分化，数字鸿沟有加大的态势，需要着力弥合产业升级中的数字不平等。

9.2.1 大力发展战略性新兴产业，促进数字经济共同提升

在当前世界信息技术飞速发展的阶段，智能化、数字化技术在推动社会经济发展、国家治理体系与治理能力现代化方面发挥了重要作用。自2010年起，我国发布了一系列关于战略性新兴产业的政策部署，见表9.1。

表 9.1 我国关于战略性新兴产业的政策部署

发布时间	政策文件名称	内容
2010 年	《关于加快培育和发展战略性新兴产业的决定》	首次明确划分战略性新兴产业，要求将战略性新兴产业加快培育成为先导产业和支柱产业
2012 年	《"十二五"国家战略性新兴产业发展规划》	面向经济社会发展的重大需求，提出七大战略性新兴产业的重点发展方向
2016 年	《"十三五"国家战略性新兴产业发展规划》	将战略性新兴产业摆在经济社会发展更加突出的位置，大力构建现代产业新体系
2021 年	《中华人民共和国国民经济和社会发展第十四个五年规划和2035年远景目标纲要》	着眼于未来产业发展先机，培育先导性和支柱性产业，推动战略性新兴产业融合化、集群化、生态化发展

从我国关于战略性新兴产业的政策部署来看，数字经济成为我国把握新一轮科技革命和产业变革新机遇的战略选择，但同时数字经济及战略性新兴产业面对诸多挑战。第一，两者存在"双弱"现象，战略性新兴产业及数字技术都存在核心竞争力不强的问题。❶ 部分关键的核心技术依赖其他国家，各国之间的科技竞争越来越激烈，关键技术短板对数字经济引领战略性新兴产业的发展产生了抑制作用。❷ 同时，我国战略性新兴产业中的关键基础材料、基础工艺等与发达国家相比仍有差距，导致战略性新兴产业成本增加。第二，存在数字经济引领战略性新兴产业人才短缺现象。在数字经济迅速发展的同时，原本的人才供应链还未完全适应，复合型人才缺口难以在短时间内补足；人才失衡问题比较严重，经济发展差距进一步加大。第三，战略性新兴产业与数字经济的协同发展不足。因企业间存在资金、数字资源等方面的差异，数字化应用水平存在差异，部分企业对数字经济的认知存在偏差，致使数字经济难以真正融入生产经营，产业整体的数字化转型有一定困难。另外，实体经济和数字经济的融合主要集中在第三产业，数字技术研发和市场需求存在供需脱节问题。第四，存在产业区域失衡问题。人才资源、经济发展水平是影响数字技术引领战略性新兴产业发展的重要因素，我国东部沿海地区经济基础较好，拥有规模化的数字产业，拥有更强的数字产业创新能力，而中西部地区经济实力相对薄弱，数字经济产业在东部城市聚集，导致数字经济

---

❶ 任保平，何厚聪. 数字经济赋能高质量发展：理论逻辑、路径选择与政策取向 [J]. 财经科学，2022 (4)：61-75.

❷ 潘冬. 数字经济赋能战略性新兴产业创新发展研究 [J]. 理论探讨，2022 (5)：168-172.

发展"东高西低",表现出区域分布显著不均衡的现象,地区间数字鸿沟比较明显。第五,产业规制仍需加强。数字经济的发展带来数据安全、市场垄断等问题,需要新的市场监管方式确保数字经济安全运行,我国虽已出台相关法律进行保护,但仍有不足,且现有的监管制度不能与数字经济发展的需要完全匹配。

面对数字经济赋能战略性新兴产业发展中面临的挑战,需要有针对性地应对,治理路径如图9.1所示。第一,积极推动攻克战略性新兴产业数字化核心技术。可为企业建立国家重点实验室提供支撑,为企业创造良好的科研条件,鼓励高校人才和有能力的科研团队参与企业研发,加大对创新的扶持力度,发挥数字经济的溢出效应。第二,增强战略性新兴产业数字化人才储备,积极引进国内外掌握战略性新兴产业核心技术及数字技术的高层次人才,国内高校也要将培育数字技术高素质人才纳入教育规划。第三,增强企业数字化转型意识,加强对有数字化转型计划的企业的扶持力度,缓解其数字化转型压力,促使数字化转型龙头企业引领上下游企业共同转型;注重数字技术与各产业间的差异化融合,实现全产业

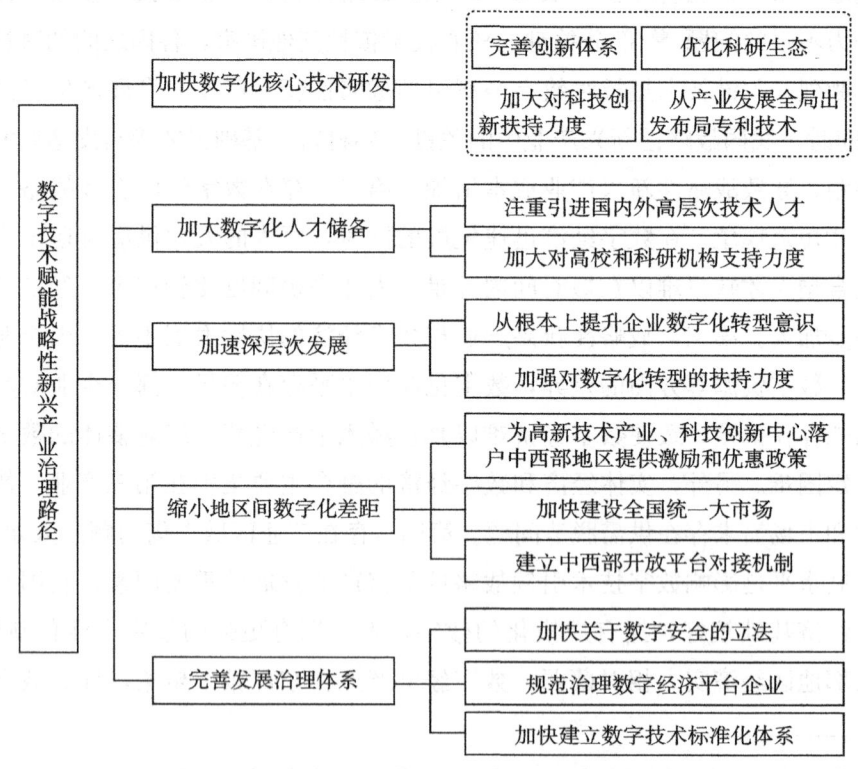

图9.1 数字技术赋能战略性新兴产业治理路径

链数字化转型升级。第四，针对区域发展不均衡的问题，政府要为吸引更多的信息产业、科技创新中心落户中西部地区提供更多的优惠与激励政策，加快建设全国统一市场，缩小各地区在数字技术和产业发展上的差距，建立全国开放对接机制，深化各地区创新合作。第五，完善治理体系，加快对数字安全的立法，加大对核心机密数据的保护力度，加强对数字经济平台的规范治理，积极发挥政府、企业和消费群体的作用；建立数字技术标准化体系，方便统一监管。

9.2.2 构建产业互联网平台，赋能产业数字化升级

数字技术赋能产业生产是产业数字化升级的基础逻辑，利用数字技术能够更加精准、快速地分析产业产品的市场需求，灵活制定生产计划与方案，推出新的产业定制化生产模式；依靠人工智能和信息技术，可以加速生产制造环节与数字技术的深度融合，实现高效生产，并提升产品质量的稳定性。数字技术能够减少"信息孤岛"问题，推动产业技术变革与转型升级。在产业组织模式方面，依靠数字信息能够对无效的环节、岗位进行淘汰，优化产业经营管理决策，提升产业运营效能，实现降本增效。信息技术为产业的技术创新提供了有利条件，加速了产业的技术创新。❶ 在数字经济发展过程中，产品的配套与售后成为产业内竞争的重点，在提升产品附加价值的同时支撑了产业可持续发展。数字化升级加速了产业链条上各环节的高效协作，提升了产业核心竞争力。

近年来，互联网平台企业的发展重心从企业内部运营逐渐转向外部赋能，互联网平台所具备的先进数字技术及深厚的数据资源成为其向传统产业赋能的基础条件。❷ 起初平台商业模式多用于第三方支付及电子商务领域，随着制造业成为数字发展的主战场，产业互联网成为新的发展方向，在这期间产生了大量的工业数据，工业数据又成为驱动产业升级的核心生产要素。❸ 目前关于平台赋能产业数字化升级的相关研究中，研究视角从平台主导企业逐渐拓宽到参与者，强调各主体在平台赋能产业数字化中的互动作用。平台赋能传统产业数字化升级主要分为消除信息不对称、优化资源配置及促进互补创新三个阶段❹，其机制模型如图 9.2 所

---

❶ 郭申申. 数字经济促进河南产业升级转型思考 [J]. 合作经济与科技, 2021 (6): 24-25.
❷ 周文辉, 何奇松. 创业孵化平台赋能对资源配置优化的影响——基于机制设计视角的案例研究 [J]. 研究与发展管理, 2021, 33 (1): 162-174.
❸ 侯宏. 从消费互联网寡头格局迈向产业互联网生态共同体 [J]. 清华管理评论, 2019 (4): 72-83.
❹ 杨大鹏, 王节祥. 平台赋能企业数字化转型的机制研究 [J]. 当代财经, 2022 (9): 75-86.

示。在平台赋能产业数字化升级过程中，平台企业要积极达成与传统企业的合作，在服务好单个行业的基础上逐步建立多个产业相互融合、协调发展的体系，依靠价值共创促进产业数字化升级。传统企业要主动融合平台赋能，主动响应国家及地方政府号召，提高参与意识，将产业数字化升级目标纳入自身发展规划，适应产业互联网平台的具体要求，增加数字化基础设施投入，实现双边共创。

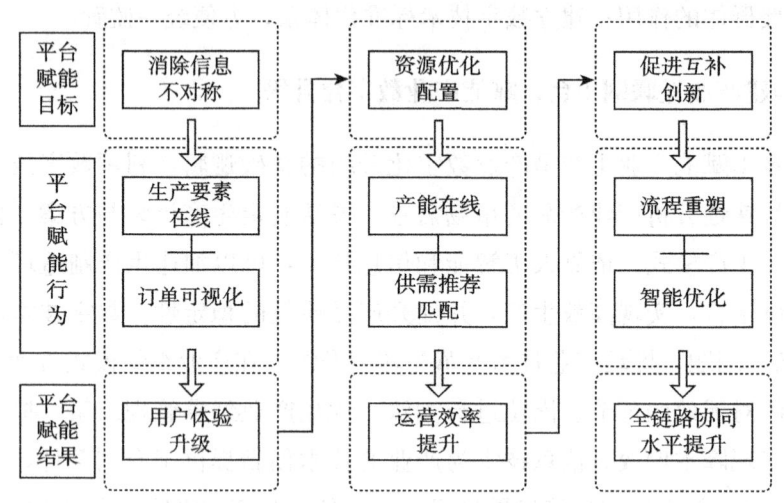

图 9.2　平台赋能传统产业数字化升级的机制模型

在促进产业数字化发展过程中，相关政府部门应积极推动形成促进产业转型发展的市场环境。第一，部分企业对数字化转型的认识存在误区，认为数字技术及产品的应用就是产业数字化转型，未认识到数字化转型是一个系统工程，导致转型失误、规则笼统、"信息孤岛"等问题。因此，相关政府部门需要加强数字化改造的宣传，在区域内营造数字化转型氛围，促使产业数字化发展走上正轨。同时，完善支持鼓励政策，发挥财政资金的引导作用，激励金融企业服务创新，增加对产业的长期贷款，加大对中小企业技术改造及设备更新的支持力度，设立中小企业数字化专项基金，减小规模企业间的数字鸿沟，积极举办数字化专题培训、政策宣传贯彻等活动。第二，要确保在产业数字化发展过程中保障产业数据安全，推动企业及行业协会制定产业数据标准，健全产业数据安全保障体系，加强企业的数据安全自检，构建企业数据治理机制。第三，政府部门要根据行业数字化转型的现实需求，提升信息基础设施支撑能力。相关部门需帮助企业提升数字技术能力，对企业运营决策模式进行重塑，帮助企业构建自动化工作流程，进而提高生产效率。将数字化政策落实到赋能平台，为工业互联网平台提供培育保障及政策激励；提高传统企业产业数字化升级的积极性和主动性，促进传统企业与平台实现多边共创；注重监管平台和产业数字化平台间的互联互通，建立有序、规范的产业集群数字化升级环境，形成产业数字化生态体系。产业数字化发展与转型是持续性的系统工程，要在符合实际的合理范围内进行，需要在行业全员的积极参与下完成，实现全生命周期的分阶段建设与螺旋式发展。第四，资助产学研合作，提升数字化成果转换效果。高校及科研院所是高科技人才的聚集地，能够产出更多的数字经济基础研究成果，而企业自主进行基础研究的投入相对较高，企业又是基础研究成果的需求方，因此政府可以从政策层面推进产学研合作，通过提高高校数字经济研究经费促进其为产业数字化发展服务，将研究成果转化。可以搭建数字化研究成果平台，将科研机构、高校、企业等连接起来，方便数字化成果更便利地支撑有数字化转型需求的企业。

9.2.3 立足区域产业发展现状，制定符合实际的数字化升级规划

从地区角度出发，根据产业发展现状，制定适合本地区的产业数字化发展规划。通过数字要素、数字技术对传统产业进行改造，从而使产业的生产关系得到优化、产业的生产力得到提升。利用数字技术进行产业升级并非一个新起点，而是一种改造提升，因此必须要以产业发展现状为基础，坚持实事求是的原则，制定产业数字化升级规划。根据地区产业优势，依托数字化技术推动产业发展，通过数字技术着重优化本地区优势产业的供给体系，挖掘产业需求体系，凭借数字思维的经营管理优势提升产业的核心竞争力与灵活性；促进地区相对薄弱产业的稳固发展，依靠数字技术进行产业的技术研发创新，促进传统产业降本增效，实现可持续发展。要借助核心数字技术手段，加强计算机制造设备、通信设备的智能化生产，促进地区智慧制造业的发展。地区各级政府要促进数字经济发展战略布局的形成，重点支持与数字经济相关的产业发展，如医疗产业、智慧城市等。

9.3 教育信息化

教育公平是社会公平的重要体现。信息技术能够克服教育资源的时空限制、

促进教育资源的共享、提升教育的个性化等,因此具有促进教育公平的潜力。❶ 我国将教育信息化作为国家战略和促进教育公平及深化教育改革的重要手段,但目前教育信息化发展存在不平衡、不充分的问题,并且受到互联网使用偏好、家庭经济等因素的影响,引发数字鸿沟,进一步扩大了数字不平等与教育不公平。因此,在促进教育信息化建设的同时要注意防范数字不平等,避免带来新的教育不公平。

9.3.1 持续推进教育信息化,促进均衡发展

我国正在通过多种途径弥合教育信息化建设中的数字不平等,为促进教育公平提供动力,并取得显著成效。具体策略如下:第一,针对城乡学校数字鸿沟,我国颁布了一系列持续性的政策,着力加强优质教育资源与基础设施的共建共享;第二,为促进教育的均衡发展,实施倾斜性政策,实现教育的补偿性公平。具体策略及成效如图9.3所示。

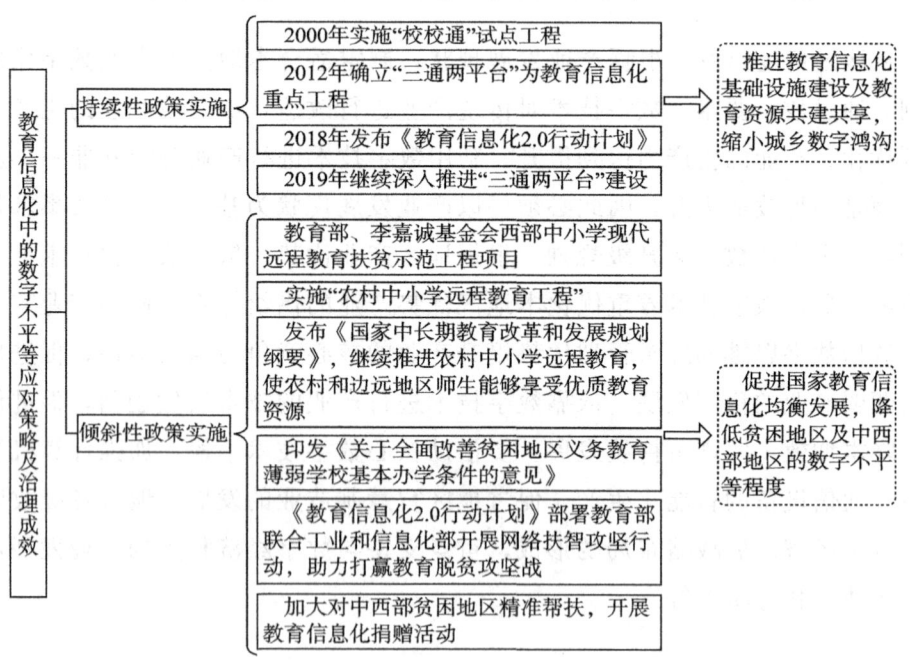

图9.3 教育信息化中的数字不平等应对策略及治理成效

---

❶ 闫寒冰. 我国信息化促进教育公平的演进特征与路径研究[J]. 中国教育学刊, 2019 (9): 22-26.

随着我国教育现代化战略不断深入实施，区域、城乡间的教育信息化差距不断缩小，但是仍然存在教育信息化发展不均衡的问题，教育信息化在城乡及区域教育的成效方面存在明显差距，数字技术未能充分发挥在提高教学水平和质量方面的作用，偏远山区和贫困地区的教育信息化基础仍旧薄弱。❶ 另外，因相对落后地区信息技术使用能力不足、观念等因素，教育信息化在促进教育发展时难以达到发达地区的信息化优势，加大了数字不平等程度。❷

针对目前教育信息化发展面临的数字不平等问题，从宏观角度出发，提出以下治理路径：第一，继续发展教育信息化，借助发展消除不均衡的问题，加大并持续保持对教育的财政支出，为教育信息化的顶层设计与长期规划提供保障；提高贫困地区及偏远地区教育的供给能力和人群的受教育水平，持续推进中西部教育发展行动，实现国家整体教育均衡发展，缩小数字不平等。第二，深入推进数字技术与教育的融合发展创新，在考虑国际发展趋势及我国国情的基础上制定促进均衡发展的配套举措；提高公共教育资源获取的便捷性，满足弱势群体的需求。

从微观角度出发，提出以下应对措施：第一，构建跨区域优质教育资源共享平台。高质量教育资源共享平台的构建能够有效整合及利用优质的教育资源，能够对"信息孤岛"起到破解作用，是教育均衡发展的关键，是减小数字不平等的重要举措。借助国家或省级公共资源网络平台，与各地区教育资源相协调，及时丰富与更新优质教育资源，形成共享机制。另外，学校可定期开展使用教育信息资源的评比活动，在保障共享教育资源质量的前提下鼓励教师自制或共享优质的教学资源，激发学生与教师应用平台教育资源的积极性，可在提升教学质量的同时提升信息利用技能，有助于促进教育信息一体化的发展，缩小数字鸿沟。第二，发挥教育信息化试点学校的带动作用。以试点学校为中心，以点带面，分层实施信息化，缩小区域内的教育信息化差距，实现区域内教育信息化的均衡发展。在此过程中，要合理调配教育信息投入资金，避免出现因资金不足导致的教学资源库欠缺及利用率低等现象；通过政企合作的方式，减小政府财政压力，实现优势互补、合作共赢。第三，加强教育信息化相关培训，为信息化应用与发展提供保障。加强教育信息化专职人员培训，通过人才引进、在岗培训等方式充实信息化

---

❶ 刘玉君，张德祥. 在线学习能促进教育公平吗？——疫情期间中小学在线学习"数字鸿沟"的实证研究[J]. 基础教育，2022, 19（2）：58-68.
❷ 王瑞珊. 教育信息化对教育公平的影响[J]. 教育现代化，2018, 5（12）：230-231.

人才，为学科教师应用信息技术提供精确、快速的技术指导；加强全体教师的信息技能培训，提高教师对信息化教学的认识与熟练度。

9.3.2 提升教师信息素养，弥合数字鸿沟

随着信息设备的普及，数字鸿沟由原本因硬件设施不完善造成的"物理鸿沟"转为"素养鸿沟"，"素养鸿沟"又包含信息技能差异造成的"技能鸿沟"和使用方式差异造成的"使用鸿沟"。❶ 教师的信息素养就是在拥有扎实的学科知识及教学知识的前提下，利用信息技术解决教育教学问题的能力。教师信息素养提升应紧随教育信息化发展的进程，是弥合数字鸿沟的迫切要求。❷

在教育信息化2.0时代，信息素养全面提升行动是"八大行动"❸之一，该行动的一个目标就是大力提升教师信息素养。教师信息素养的核心要素包括三个方面，如图9.4所示。信息技能是教师对信息工具与信息资源使用能力的体现，教师的信息技能水平越高，对教学工具的应用就越灵活，使用信息化资源优化教学方式及拓展网络空间教学的自主意识与能力也会更强，有助于实施智慧教学。信息技术水平较低的教师处于对教学资源进行"搬运"的阶段，并未根据自身的教学习惯和学生的实际情况进行改进，导致教学效果较差，不能最大化地发挥信息化教学的优势。因此，教师信息技能差异造成了数字不平等，也引发了教育不平等，并且因成长环境及年龄的差别，教师和学生在使用与掌握信息技术的能力、判断信息价值的能力等方面存在差距。❹ 在教学过程中教师与学生是双向互动的关系，教师必须充分理解学生的认知特性并打破代际壁垒，从意识和思想层面真正融入信息化环境，理解信息文化，才能弥合数字鸿沟。信息思维指在使用信息化工具的同时，教师要时刻保持自身的思维活性与创造性，不断学习新的知识，防止受到技术逻辑牵制。

---

❶ 王美，随晓筱. 新数字鸿沟：信息技术促进教育公平的新挑战 [J]. 现代远程教育研究，2014（4）：97-103.
❷ 侯志燕，程薇，刘峰. 新数字鸿沟视域下教师信息素养的内涵演变与提升策略 [J]. 教育探索，2021（9）：71-76.
❸ "八大行动"指教育部发布的《教育信息化2.0行动计划》中提出的数字资源服务普及行动、网络学习空间覆盖行动、网络扶智工程攻坚行动、教育治理能力优化行动、百区千校万课引领行动、数字校园规范建设行动、智慧教育创新发展行动、信息素养全面提升行动。
❹ 刘艳. 基于知识图谱的国内数字鸿沟研究现状与演进趋势 [J]. 国家图书馆学刊，2020，29（1）：99-113.

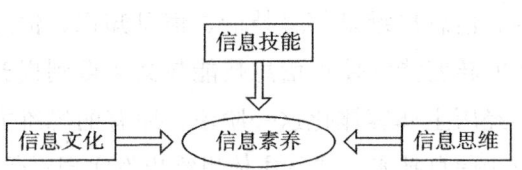

图 9.4 教师信息素养的核心要素

在信息化发展过程中，数字鸿沟的出现是难以避免的，其对信息化进程的影响较大，而信息素养的差异则是新数字鸿沟出现的根本原因。根据相关研究，学生选择使用以文化、科技为主体的应用还是娱乐应用的结果与家庭经济和父母的受教育水平相关。❶ 因此，在面对同等的信息资源时，因个体的使用意愿和偏好不同，获取的信息资源有极大的差别。要开展智慧型教育，建立积极正向的智慧学习环境。教师是学生的"引路人"，只有提升教师的信息素养，才能更稳固地实现教育信息化，弥合数字鸿沟。

综上所述，教师信息素养的提升需要从信息技能、信息文化及信息思维三方面入手。首先，应建立全方位的技能提升体系。掌握熟练的信息技能是进行信息化教学的前提条件，目前部分地区的教师整合教育资源的能力不强，资源的设计水平不高，对教育资源的选取和使用还不够熟练，信息化教学质量差异明显。因不同学科、不同学段的教师信息技术的选择与应用能力各有差别，可以对教师进行分类、分组的培训，根据学科制定具体的信息技能培训方案，避免集中培训模式带来的单一性或不符合学科实际应用的特点，最大限度提升教师本学科信息化应用的专业度。利用大数据技术对不同学科、不同学段的教师进行个性化的培训，提高培训的适用性。其次，要消除师生间的数字鸿沟，融入信息文化。如今的学生大都出生在网络时代，他们对信息化环境有着较强的适应能力，对信息技术的学习能力及敏锐度要高于教师。尤其是年龄较大的教师，较难适应全新的教育环境。因此，可以尝试先培训学生的信息技能，再由学生帮助教师学习，这样既可以提升学生对数字信息的兴趣，也能增进师生间的合作交流，形成文化反哺。教师需要具备甄别不当网络行为及错误信息的能力，化阻力为动力。学校要对信息化环境提供支持，在为师生提供信息化设备的同时营造信息化氛围，使得信息化应用与校园其他教育系统交互，形成智慧校园，成为一种文化状态。最后，教师

---

❶ 乔沛昕，魏冬雨，侯英. 数字鸿沟：教育信息化 2.0 时代的新数字鸿沟［J］. 教育现代化，2019，6(80)：131-135，138.

要主动弥合思维鸿沟。信息思维是信息技能、信息知识、信息道德、信息意识的综合体现,信息思维的转变能够使得信息技能与文化得到提升。人们在使用信息技术的过程中必然会经历主体客体化这一阶段,原有的思维方式会发生变化,因此教师需要理性地应用信息技术,要从主体思维出发实现对信息技术的应用。[1] 根据《教育信息化十年发展规划(2011—2020年)》,我国推进教育信息化发展的目标为信息技术与教育教学深度融合。信息技术的使用要与教育思想、课程内容、教育理论等深度融合,以提升教学效果、效率为目标,以服务学习为宗旨,实现教育信息化。

9.3.3 增加信息技术教育投入,引导积极的网络观念

对信息技术的认识程度和观念是阻碍网络资源均衡分配的原因之一。因此,要提高信息技术教育投入,加强对大众互联网技术和安全知识的普及力度,塑造积极健康的网络观念。

在国家及社会层面,应加大对城乡信息技术资源非均衡分布的调控,加大教育信息化建设经费支出,建立公益性的网络平台。与通信公司合作,解决弱势群体获取网络物理设备、接入网络困难的问题,扩大教育信息化改革红利的惠及范围。组织实施国家数字图书馆工程及其推广工程,不断使优质的资源向基层延伸,形成覆盖全国的数字服务网络。开展智能技术应用培训,充分考虑低收入人群、未成年人、低学历人群、老年人等面临的特殊困难,制定有针对性的教学策略,并在培训过程中耐心引导,提升他们的自信心,帮助他们学会使用数字网络设施设备,最大限度使所有的人群能够享受平等的受教育机会。

在家庭层面,除教育资源的分布差距外,家庭的阶层背景对家庭信息化的融入也有着重要的影响。首先,父母应该主动融入信息化环境,紧随信息化时代步伐,配备稳定的网络接入及电子设备,积极参与子女的线上学习活动,培养子女利用信息技术进行自主学习的能力,鼓励其进行知识发现与创新。同时,让子女正确、理性地看待网络信息工具,防止未成年人沉迷网络。其次,对于家庭中的老年人来说,家庭是他们数字应用的重要场域,子女应尽量为老年人配备智能手机等智能电子设备,及时帮助老年人解决数字应用难题,帮助他们跨越数字鸿沟;积极提倡文化反哺,提高家庭学习氛围,从而实现数字生活的共同富裕。

---

[1] 殷敏. 也谈现代信息技术在教学中的异化及解决策略[J]. 中国教育信息化,2012(18):23-25.

9.4 数字政府建设

"十四五"规划作出"提高数字政府建设水平"的重大战略部署。数字政府的出发点是推动国家治理现代化，对数字赋能和技术嵌入进行强化，优化政务流程和数据共享，走向"整体型"治理，是一种政务部门高效协同、充分释放数据要素活力、决策支撑精准、公众积极参与、基础保障安全的政府运行新形态❶。数字政府为满足人民日益增长的需求提供了保障，如区块链发票、电子病历、电子社保、电子驾照、24小时在线数字公务员等创新型应用都是在政府数字化转型的基础上实现的，大大提高了人民群众的办事效率与满足感。目前我国政府数字化水平持续提升，但也存在地区间发展不平衡、信息不统一等问题，不利于数字平等。

9.4.1 制定数字政府整体规划，缩小区域间发展差距

根据相关研究，我国数字政府的建设存在发展不平衡的问题，东部沿海地区的政府数字化水平普遍高于中西部地区，而四川及贵州政府数字化水平明显高于其他西部地区省份。❷ 从总体来说，数字政府的建设发展表现出明显的地域差异，这与区域的经济水平、政策、地理位置、教育基础等有较大的关系。东部地区基础条件好，先进的信息技术对民众的影响较大，民众也更容易接受数字政府，并且积极参与政府数字化建设，享受政府数字化带来的诸多便利。四川和贵州的数字政府建设之所以优于其他西部地区省份，很大的原因是该两省最早建设与发展大数据技术，并且及时发布规划纲要等。中心城市与乡镇政府的数字化水平有较大差距。另外，部分地区对数字技术应用于政务服务的认识不到位，缺乏数字化发展意识，导致数字政府的发展差距进一步加大。

为解决数字政府发展差异带来的区域数字不平等，要制定我国政府数字化转型的整体规划。第一，经济基础决定上层建筑，地区经济发展水平对地区数字政府建设发挥着重要作用。各地区应发掘自身的优势产业、特色产业，以经济建设为中心，为地区数字政府的建设发展奠定经济基础。应在完善网络基础设施的基

---

❶ 翟云. 数字政府替代电子政务了吗？——基于政务信息化与治理现代化的分野[J]. 中国行政管理，2022（2）：114-122.

❷ 杨梦，李艳. 我国政府数字化转型的问题与对策探究[J]. 中共石家庄市委党校学报，2022，24（11）：37-42.

础上,对相对落后地区的政府数字化转型给予人才、政策等方面的支持,加大对信息基础较差地区的数字建设投资力度,加大对大数据等专业人才的引进,鼓励西部地区的高校合理增加大数据等专业。第二,探索数字政府构建的协调机制。设立省级、地方层面的数字政府领导小组,成立政务服务网综合主管部门,对数字政府的管理工作及发展进行统筹规划。从全局角度出发,注重各系统、各部门间的协同性,提升整体的数字政府建设水平。

9.4.2 推动政务数据资源融合,搭建平台驱动的数字政府

近年来,数字政府建设的平台化受到全球多个国家的关注,已有国家正在推进数字政府平台的建设,并将平台规划纳入数字政府建设的总体规划。平台已成为数字化领域的发展趋势,如产业互联网平台、通信软件平台、在线商品交易平台等。数字政府平台能够将公众、企业、公务员及政府机构联系起来,持续地将政务数字资源融合,促进政府内部办公的高效化与协同化,对外提供更加便捷和高效的政务服务,助力政府的数字化转型,建设人民满意的服务型政府,推动国家治理现代化。

应从决策、服务、监管三个方面促进政府的数字化转型。第一,积极整合多部门的大数据,提升政府决策水平。政府需要根据多个方面的情况进行科学决策,而以往的碎片化数据难以为决策提供精确的支撑。政府可以通过整合及细化出口、投资、消费、财政、税收等领域的大数据,凭借数据量及数字技术为决策提供帮助。推动省市、市县及部门之间的数据共享,实现全域数据一盘棋。对于突发事件的决策,为避免传统的治理模式难以快速、精准地收集数据从而导致决策延误的情况,可以建立在线协同政务平台,保障全员实时办公。第二,优化与重构业务流程,促进便民利民服务。面对办理材料重复提交、政务业务线上线下办理不一致等典型问题,利用数字政府平台将政府服务的多终端应用如PC端、大厅窗口、APP小程序等统一为服务端口,智能推荐关联事项,解决信息多头录入、重复录入的问题。政务业务办理流程要向多层级联动、多部门协同转变,办事机构要进行在线协同、业务信息及时共享,开展跨层级、跨部门的行政审批服务,施行统一化的政务服务,使平台使用者能够随时随地办理业务、咨询政策等。开启对不满意的办理情况或结果的投诉功能,并直接转到相关部门进行处理,解决服务碎片化的问题。重视数字弱势群体的业务办理流程。可着重加强对乡村地区及偏远地区网格员的培养力度。网格员需要将村民反映的问题、需要办理的业务及

时上报到平台的业务系统中,并通过平台反映给相关部门,相关部门再将处理结果反馈给网格员,由网格员通知村民事务的处理结果。这样能够在降低政府运行成本的同时带给民众便捷,同时降低了数字不平等水平。第三,发挥云计算、大数据等技术的作用,推进监管精细化,创新政府监管方式。平台化监管能够将以往覆盖面广、项目繁杂的工作简化,突破原有的工作格局,进行高效监管。在市场监管方面,数字政府平台能够全程记录市场监管活动,解决面对海量市场主体及数据传统政府不能做到有效监管及资源浪费等问题,对各地区及部门的执法动态进行可视化分析,发挥监管与风险预警的功能,维护群众权益与市场秩序。

建设数字政府平台,首先要从数据能力出发。数据作为打造数字政府平台的基础,主要来源于跨部门、跨层级、跨领域的数据交换、共享和归总。数据建设需要破除"数据孤岛""信息烟囱"等现象,融合多源、海量的数据资源,作为管理的关键要素,推动政府治理的智能化。其次,数字政府平台建设要以为政府、企业和公众服务为导向,对各方的治理需求进行集中反映,并牵引整个数字政府建设体系的运转。再次,数字政府的建设需要企业与政府合力完成。一方面,企业拥有较高的创新潜力与先进的数字技术;另一方面,数字政府的建设与创新必须以满足政府治理的需要为前提,以解决具体的治理问题为目的,但政府缺少数字化的治理经验与方案。因此,数字政府的建设离不开政府与企业两个主体。2022年浪潮软件股份有限公司在中国国际智能产业博览会发布的"浪潮数字政府基础支撑平台"即为企业与政府合力完成。最后,重视平台业务迭代。在社会发展过程中会不断出现新的社会问题,平台需要具备处理新的社会问题的能力,不断延伸出新的方案与应用。

9.4.3 重视公务员数字素养,促进公共空间的公平

随着政府向数字化深度转型,出现了数字化治理对象,面对的治理问题也更加广泛,数字贫困、数字不平等等新型治理问题出现,对公共空间的秩序与公平造成了破坏。公务员是政府组织的微观构成,公务员的数字素养是政府数字化转型的人力资本基础,可靠的数字政府需要高数字素养的公务员。相关研究表明,在政府数字化转型过程中,人力资源构成难以与数字化发展相匹配,数字政府面临日益明显的人才和能力不足的问题。在数字政府发展中迫切需要公务员改变小数据时期的工作方式,向基于大数据的科学管理转变。

根据目前的数字素养框架研究,不同主体的数字素养要根据其任务特性和所

处的场景构建。对于公务员，要培养其数字技术及在行政、治理中使用数字技术的能力，还要关注公务员的文化及心理背景对数字素养的影响，因此要从数字心理素质、数字技能素质、数字行政能力、数字治理能力四个方面提升公务员的数字素养，如图9.5所示。

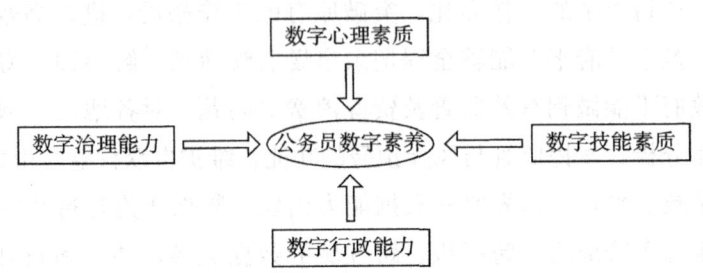

图 9.5 公务员数字素养的提升路径

在数字心理素质方面，公务员要形成与数字政府和时代相匹配的数字化思维方式，建立对数字化、智能化的认识，具备适应政府数字化转型的认知基础。公务员也要建立起利用数字技术解决政务问题的积极偏好，提升行动能力，并把创造公共价值作为首要任务。在数字技能素质方面，公务员要在数字政府场景中掌握多种数字技术，具备从数据资源中提取有价值的信息的意识与能力，为数字化行政提供客观依据。另外，对于年龄较大、数字适应力较差的公务员要着力培养。在数字行政能力方面，公务员要具备基于数据的决策能力，在利用数字平台收集与处理相关数据的前提下，结合客观数据的分析结果，为动态、复杂的事务决策提供方向和依据。在行政监督环节，公务员要利用数字技术对数据进行实时收集和识别，强化对重大行政决定的监督及相关风险的预警。在数字治理能力方面，政府治理领域的数字化转型要求公务员具备相应的数字化能力。政府有促进和引导数字经济发展的职责，因此经济领域政府部门的公务员应具备推动数据要素流通的能力，对数字经济的发展要做好规划及宏观调控。执法监管部门的公务员要利用好数字监管平台等数字技术，对监管对象行为进行追踪和记录，实现精准监管。在数字社会治理中，公务员要打破部门、主体间的"信息孤岛"，利用数字技术统筹社会资源与社会主体，提高应对突发事件、网络舆情的预警能力，提升数字社会治理的智慧性。另外，公务员需借助数据信息及信息技术针对不同群体、不同地区公众的需求进行分析，提供有针对性的服务，同时要积极配合平台模式，简化服务与审批流程，提升公共服务的效率。

参 考 文 献

[1] AKERLOF G A. The market for"lemons": quality uncertainty and the market mechanism [J]. Quarterly Journal of Economics, 1970 (84): 488-500.

[2] ALEXANDER VAN D. Internet skills and the digital divide [J]. New Media & Society, 2011, 13 (6): 893-911.

[3] ALMEIDA P, KOGUT B. Localization of knowledge and the mobility of engineers in regional networks [J]. Management Science, 1999, 45 (7): 905-917.

[4] ARQUETTE T J. Social discourse, scientific method, and the digital divide: using the Information Intelligence Quotient (IIQ) to generate a multi-layered empirical analysis of digital division [D]. Evanston: Northwestern University, 2002.

[5] ARROW K J. The economic implications of learning by doing [J]. Review of Economic Studies, 1962, 29 (3): 155-173.

[6] AUDRETSCH D B. Entrepreneurship capital and economic growth [J]. Oxford Review of Economic Policy, 2007, 23 (1): 63-78.

[7] BARNEY W. Segueways into cyberspace: multiple geographies of the digital divide [J]. Environment and Planning B: Planning and Design, 2008, 28 (1): 3-19.

[8] BILLON M, LERA-LOPEZ F, MARCO R. Differences in digitalization levels: a multivariate analysis studying the global digital divide [J]. Review of World Economics, 2010, 146 (1): 39-73.

[9] BLOMSTROM M, WOLFF E N. Multinational corporations and productivity convergence in Mexico [J]. Journal of International Business Studies, 1994, 25 (2): 285-295.

[10] COE D T, HELPMAN E. International R&D spillovers [J]. European Economic Review, 1993, 39 (5): 859-887.

[11] COOPER J. The digital divide: the special case of gender [J]. Journal of Computer Assisted Learning, 2006, 22 (5): 320-334.

[12] DIJK V J. A framework for digital divide research [J]. Electronic Journal of Communication, 2002 (12): 1-2.

[13] DIMAGGIO P, HARGITTAI E. From the"digital divide"to"digital inequality": studying internet use as penetration increases [J]. Working Papers Series, 2001, 4 (1): 2-4.

[14] GOLDFARB A, PRINCE J. Internet adoption and usage patterns are different: implications for the digital divide [J]. Information Economics and Policy, 2008, 20 (1): 2-15.

[15] GRILICHES Z. Issues in assessing the contribution of research and development to productivity growth [J]. Bell Journal of Economics, 1979, 10 (1): 92-116.

[16] GROSSMAN G M, HELPMAN E. Innovation and growth in the global economy [M]. Cambridge: MIT Press, 1991.

[17] HARGITTAI E. Survey measures of web-oriented digital literacy [J]. Social Science Computer Review, 2005, 23 (3): 371-379.

[18] CARNEIRO P, HECKMAN J J. Human capital policy [J]. NBER Working Papers, 2003 (30):: 79-100.

[19] HECKMAN J J, HUMPHRIES J E, VERAMENDI G. Returns to education: the causal effects of education on earnings, health and smoking [J]. The Journal of Political Economy, 2018, 126 (suppl 1): S197-S246.

[20] HSIEH J J, RAI A, KEIL M. Understanding digital inequality: comparing continued use behavioral models of the socio-economically advantaged and disadvantaged [J]. Mis Quarterly, 2008, 32 (1): 97-126.

[21] International Telecommunication Union. Measuring the information society—the ICT development index [R]. Geneva, Switzerland, International Telecommunication Union, 2009.

[22] JAFFE A B, HENDERSON T R. Geographic localization of knowledge spillovers as evidenced by patent citations [J]. Quarterly Journal of Economics, 1993, 108 (3): 577-598.

[23] JENSEN M, JOHNSON B, LORENZ E, et al. Forms of knowledge and modes of innovation [J]. Research Policy, 2007, 36 (5): 680-693.

[24] JOLLIFFE I T. Principal component analysis [M]. Second edition. New York: Springer-Verlag New York Inc, 2002.

[25] JOO-YOUNG J. Internet connectedness and inequality [J]. Communication Research, 2001, 28 (4): 507-535.

[26] KOKKO A, TANSINI R, ZEJAN M C. Local technological capability and productivity spillovers from FDI in the Uruguayan manufacturing sector [J]. Journal of Development Studies, 1996, 32 (4): 602-611.

[27] KOKKO A. Foreign direct investment, host country characteristics and spillovers [D]. Stockholm: Stockholm School of Economics, 1992.

[28] LEE B, CHEN Y, HEWITT L. Age differences in constraints encountered by seniors in their use of computers and the internet [J]. Computers in Human Behavior, 2011, 27 (3): 1231-1237.

[29] LOS B, VERSPAGEN B. R&D spillovers and productivity: evidence from US manufacturing microdata [J]. Empirical Economics, 2000, 25 (1): 127-148.

[30] MACDOUGALL D. The benefits and costs of private investment from abroad: a theoretical approach [J]. Economic Record, 1960 (36): 13-35.

[31] MALECKI E J. Digital development in rural areas: potentials and pitfalls [J]. Journal of Rural Studies, 2003, 19 (2): 201-214.

[32] MARSHALL A. Principles of economics [J]. Political Science Quarterly, 1961, 31 (77): 430-444.

[33] MENZIE D C, FAIRLIE R W. The determinants of the global digital divide: a cross-country analysis of computer and internet penetration [J]. Oxford Economic Papers, 2007, 59 (1): 16-44.

[34] MIRRLEES J A. Information and incentives: the economics of carrots and sticks [J]. The Economic Journal, 1997, 107 (444): 1311-1329.

[35] MORENO R, PACI R. Spatial spillovers and innovation activity in European regions [J]. Environment and Planning A, 2005, 37 (10): 1793-1812.

[36] National Telecommunications and Information Administration. Falling through the net: a survey of the "have nots" in rural and urban America [R]. Washington DC, USA, NTIA, 1995.

[37] National Telecommunications and Information Administration. Falling through the net: defining the digital divide [R]. Washington DC, USA, NTIA, 1999.

[38] NORRIS P. Digital divide: civic engagement, information poverty & the internet worldwide [M]. New York: Cambridge University Press, 2001.

[39] Peña-López I. Falling through the net: defining the digital divide [R]. Washington, National Telecommunications and Information Administration, 1999.

[40] POPE P F. Information asymmetries in participative budgeting: a bargaining approach [J]. Journal of Business Finance & Accounting, 1984, 11 (1): 1468-1479.

[41] SCHEERDER A, DEURSEN A V, DIJK J V. Determinants of internet skills, uses and outcomes. A systematic review of the second-and third-level digital divide [J]. Telematics

and Informatics, 2017, 34 (8): 1607-1624.

[42] SCHULTA T W. Education and economic growth [M]. Cambridge, MA: Harvard University Press, 1961.

[43] SCHULTA T W. Investment in human capital [J]. American Economic Review, 1961, 51 (1): 1-17.

[44] SPENCE M. Job market signaling [J]. The Quarterly Journal of Economics, 1973, 87 (3): 355-374.

[45] STIGLITZ J E, WEISS A. Credit rationing in markets with rationing credit information imperfect [J]. The American Economic Review, 1981, 71 (3): 393-410.

[46] STONEMAN P. Innovative diffusion, Bayesian learning and probability [J]. Economic Journal, 1981 (91): 373-388.

[47] VICENTE M R, LOPEZ A J. Assessing the regional digital divide across the European Union-27 [J]. Telecommunications Policy, 2010, 35 (3): 220-237.

[48] WOLFGANG K. Geographic localization of international technology diffusion [J]. American Economic Review 2002, 92 (1): 120-142.

[49] YU L Z. Understanding information inequality: making sense of the literature of the information and digital divides [J]. Journal of Librarianship and Information Science, 2006, 38 (4): 229-252.

[50] 约翰·罗默. 社会主义的未来 [M]. 余文烈, 译. 重庆: 重庆出版社, 1997: 9.

[51] 阿尔温·托夫勒. 权力的转移 [M]. 北京: 中共中央党校出版社, 1991.

[52] 北京大学课题组, 黄璜, 等. 平台驱动的数字政府: 能力、转型与现代化 [J]. 电子政务, 2020 (7): 2-30.

[53] 边留峰. 工业4.0时代中国数字鸿沟: 治理挑战及应对之策 [J]. 电子政务, 2016 (12): 91-97.

[54] 陈梦根, 周元任. 数字不平等研究新进展 [J]. 经济学动态, 2022 (4): 123-139.

[55] 陈阳, 王守峰, 李勋来. 网络基础设施建设对城乡收入差距的影响研究——基于"宽带中国"战略的准自然实验 [J]. 技术经济, 2022, 41 (1): 123-135.

[56] 翟云. 数字政府替代电子政务了吗?——基于政务信息化与治理现代化的分野 [J]. 中国行政管理, 2022 (2): 114-122.

[57] 范亚康, 张玉. "数字鸿沟"中弱势群体基本权利保护研究 [J]. 湖北经济学院学报（人文社会科学版）, 2022, 19 (12): 89-92.

[58] 郭申申. 数字经济促进河南产业升级转型思考 [J]. 合作经济与科技, 2021 (6): 24-25.

[59] 洪海娟, 万跃华. 数字鸿沟研究演进路径与前沿热点的知识图谱分析 [J]. 情报科学,

2014, 32 (4): 54-58.

[60] 侯汉平, 王浣尘. R&D知识溢出效应模型分析 [J]. 系统工程理论与实践, 2001 (9): 29-32.

[61] 侯宏. 从消费互联网寡头格局迈向产业互联网生态共同体 [J]. 清华管理评论, 2019, (4): 72-83.

[62] 侯志燕, 程薇, 刘峰. 新数字鸿沟视域下教师信息素养的内涵演变与提升策略 [J]. 教育探索, 2021 (9): 71-76.

[63] 胡鞍钢, 周绍杰. 新的全球贫富差距: 日益扩大的"数字鸿沟" [J]. 中国社会科学, 2002 (3): 34-48, 205.

[64] 胡鞍钢, 周绍杰. 中国的信息化战略: 缩小信息差距 [J]. 中国工业经济, 2001 (1): 25-29.

[65] 胡鞍钢, 周绍杰. 中国如何应对日益扩大的"数字鸿沟" [J]. 中国工业经济, 2002 (3): 5-12.

[66] 胡延平. 跨越数字鸿沟——面对第二次现代化的危机和挑战 [M]. 北京: 社会科学文献出版社, 2002: 1.

[67] 霍鹏, 殷浩栋. 弥合城乡数字鸿沟的理论基础、行动逻辑与实践路径——基于"网络扶贫行动计划"的分析 [J]. 中国农业大学学报 (社会科学版), 2022, 39 (5): 183-196.

[68] 金文朝, 金锺吉, 张海东. 数字鸿沟的批判性再检讨 [J]. 学习与探索, 2005 (1): 32-38.

[69] 匡亚林. 老年群体数字融入障碍: 影响要素、用户画像及政策回应 [J]. 华中科技大学学报 (社会科学版), 2022, 36 (1): 46-53.

[70] 赖茂生. 信息化与数字鸿沟 [J]. 现代信息技术, 2000 (12): 3.

[71] 李嘉珣. "新基建"对新型城镇化建设的思考和政策建议 [J]. 经济论坛, 2020 (9): 127-131.

[72] 梁勇. 信息时代的教育需要教师信息素养的提升 [J]. 中国信息技术教育, 2020 (5): 1.

[73] 刘建国, 苏文杰. "银色数字鸿沟"对老年人身心健康的影响——基于三期中国家庭追踪调查数据 (CFPS) [J]. 人口学刊, 2022, 44 (6): 53-68.

[74] 刘俊英. 数字"新基建"在乡村振兴中的发展研究 [J]. 社会科学战线, 2022 (7): 258-262.

[75] 刘晓苏. 数字鸿沟的政治学思考——以发展中国家为例 [J]. 理论与改革, 2002 (1): 15-18.

[76] 刘笑. 制造业企业数字化转型的难点及对策探讨 [J]. 企业改革与管理, 2022 (22): 164-166.

[77] 刘艳. 基于知识图谱的国内数字鸿沟研究现状与演进趋势 [J]. 国家图书馆学刊, 2020, 29 (1): 99-113.

[78] 刘奕, 李晓娜. 数字时代老年数字鸿沟何以跨越？[J]. 东南学术, 2022 (5): 105-115.

[79] 刘玉君, 张德祥. 在线学习能促进教育公平吗？——疫情期间中小学在线学习"数字鸿沟"的实证研究 [J]. 基础教育, 2022, 19 (2): 58-68.

[80] 刘芸. 关于国际数字鸿沟影响因素的实证分析 [J]. 统计与决策, 2007 (9): 87-89.

[81] 卢扬帆, 郑方辉. 区域一体化视域下城市综合基础设施发展水平评价——基于珠三角9市的实证分析 [J]. 城市问题, 2014 (10): 2-9.

[82] 陆峰, 李新, 周汝瑞. 我国数字鸿沟的成因和影响因素及消除策略研究 [J]. 科技情报开发与经济, 2007 (32): 93-96.

[83] 潘冬. 数字经济赋能战略性新兴产业创新发展研究 [J]. 理论探讨, 2022 (5): 168-172.

[84] 乔沛昕, 魏冬雨, 侯英. 数字鸿沟: 教育信息化2.0时代的新数字鸿沟 [J]. 教育现代化, 2019, 6 (80): 131-135, 138.

[85] 饶权, 克里斯汀·麦肯齐, 杰拉德·莱特纳, 等. 弥合数字鸿沟 促进数字包容: 信息社会中图书馆的新使命 [J]. 图书馆杂志, 2021, 40 (2): 4-19.

[86] 任保平, 何厚聪. 数字经济赋能高质量发展: 理论逻辑、路径选择与政策取向 [J]. 财经科学, 2022 (4): 61-75.

[87] 沈姊文. 长江中游城市群基础设施一体化研究 [J]. 现代商贸工业, 2017 (7): 6-7.

[88] 宋承先. 现代西方经济学 [M]. 上海: 复旦大学出版社, 1997.

[89] 汪明峰. 互联网使用与中国城市化——"数字鸿沟"的空间层面 [J]. 社会学研究, 2005 (6): 112-135, 244.

[90] 王春英, 陈宏民. 数字经济背景下企业数字化转型的问题研究 [J]. 管理现代化, 2021, 41 (2): 29-31.

[91] 王洁. 异质性视角下数字普惠金融对家庭消费不平等影响的实证研究 [D]. 沈阳: 辽宁大学, 2022.

[92] 王俊豪. 政府管制经济学导论 [M]. 北京: 商务印书馆, 2001.

[93] 王美, 随晓筱. 新数字鸿沟: 信息技术促进教育公平的新挑战 [J]. 现代远程教育研究, 2014 (4): 97-103.

[94] 王瑞珊. 教育信息化对教育公平的影响 [J]. 教育现代化, 2018, 5 (12): 230-231.

[95] 韦路, 张明新. 第三道数字鸿沟: 互联网上的知识沟 [J]. 新闻与传播研究, 2006 (4): 43-53, 95.

[96] 吴建中, 金晓明, 徐强. 消除数字鸿沟 提高信息素养——以上海社区图书馆为例 [J].

图书馆杂志，2002（11）：23-28.

[97] 肖荣美，张巾，霍鹏，等．数字经济、税收分配与城乡协同发展［J］．信息通信技术与政策，2021，47（5）：26-31.

[98] 谢俊贵．社会信息化过程中的信息分化与信息扶贫［J］．情报科学，2003（11）：1138-1141.

[99] 谢俊贵．信息的富有与贫乏——当代中国信息分化问题研究［D］．南京：南京大学，2003.

[100] 闫寒冰．我国信息化促进教育公平的演进特征与路径研究［J］．中国教育学刊，2019（9）：22-26.

[101] 闫慧．社群数字不平等的理论模型及其在中国情境中的应用［J］．图书情报工作，2012，56（6）：90-94.

[102] 闫慧．数字鸿沟研究的未来：境外数字不平等研究进展［J］．中国图书馆学报，2011，37（4）：87-93.

[103] 闫慧．数字贫困社群实现信息社会流动的影响因素研究——一项京津晋沪粤五地调研的实证分析［J］．情报资料工作，2013（4）：91-96.

[104] 杨大鹏，王节祥．平台赋能企业数字化转型的机制研究［J］．当代财经，2022（9）：75-86.

[105] 杨慧．基于耦合协调度模型的京津冀13市基础设施一体化研究［J］．经济与管理，2020，34（2）：15-24.

[106] 杨梦，李艳．我国政府数字化转型的问题与对策探究［J］．中共石家庄市委党校学报，2022，24（11）：37-42.

[107] 杨长福，黄艺．数字不平等的本质及对策研究［J］．现代情报，2013，33（6）：23-27.

[108] 易君，杨值珍．我国城乡数字鸿沟治理的现实进展与优化路径［J］．江汉论坛，2022（8）：65-70.

[109] 殷敏．也谈现代信息技术在教学中的异化及解决策略［J］．中国教育信息化，2012（18）：23-25.

[110] 尹静，平新乔．中国地区（制造业行业）间的技术溢出分析［J］．产业经济研究，2006（1）：1-10.

[111] 于良芝，于斌斌．保障中国农村社区ICT接入的自上而下路径——社群信息学的机遇［J］．中国图书馆学报，2013，39（3）：69-70.

[112] 于良芝．Community Informatics的"西学东渐"——期待与思考［J］．中国图书馆学报，2013，39（3）：63-67.

[113] 于良芝．理解信息资源的贫富分化：国外"信息分化"与"数字鸿沟"研究综述［J］.

图书馆杂志,2005(12):6-18,37.

[114] 于淼.数字经济视域下算法权力的风险及法律规制[J].社会科学战线,2022(2):275-280.

[115] 袁勤俭,黄奇,朱庆华.影响美国数字鸿沟的因素分析[J].情报科学,2005(3):349-354.

[116] 张济洲,黄书光.隐蔽的再生产:教育公平的影响机制——基于城乡不同阶层学生互联网使用偏好的实证研究[J].中国电化教育,2018(11):18-23,132.

[117] 张鹏."光进铜退"这十年:宽带中国 数智未来[J].通信世界,2022(17):10-11.

[118] 张蕴萍,栾菁.数字经济平台垄断治理策略研究[J].经济问题,2021(12):9-15.

[119] 周文辉,何奇松.创业孵化平台赋能对资源配置优化的影响——基于机制设计视角的案例研究[J].研究与发展管理,2021,33(1):162-174.

[120] 周孝.企业数字化转型的成效、障碍与政策诉求——基于微观调查数据的分析[J].财政科学,2022(11):104-118.

[121] 祝建华.数码沟指数之操作定义和初步检验[M]//吴信训,王军,林爱君.走向21世纪的新闻传播学研究.汕头:汕头大学出版社,2001:203-211.